中央高校基本科研业务费专项资金资助项目（CSP17008）

青少年体育明星崇拜与体育锻炼行为的关系研究

于志华 著

東北大學出版社
Northeastern University Press
·沈 阳·

图书在版编目（CIP）数据

青少年体育明星崇拜与体育锻炼行为的关系研究 / 于志华著 . -- 沈阳：东北大学出版社，2020.12
ISBN 978-7-5517-2624-5

Ⅰ . ①青… Ⅱ . ①于… Ⅲ . ①青少年—优秀运动员—偶像崇拜—关系—体育锻炼—研究 Ⅳ . ① G80-05 ② G806

中国版本图书馆 CIP 数据核字（2020）第 259631 号

出 版 者：东北大学出版社
地址：沈阳市和平区文化路三号巷 11 号
邮编：110819
电话：024-83687331（市场部） 83680181（研发部）
传真：024-83680180（市场部） 83687332（社务部）
网址：http: //www. neupress.com
E-mail: neuph@neupress.com
印 刷 者：广东虎彩云印刷有限公司
发 行 者：东北大学出版社
幅面尺寸：170 mm × 240 mm
印 张：15.75
字 数：194 千字
出版时间：2020 年 12 月第 1 版
印刷时间：2020 年 12 月第 1 次印刷
策划编辑：罗 鑫
责任校对：陈文娇
责任编辑：张德喜
封面设计：汤 丽
责任出版：唐敏志

ISBN 978-7-5517-2624-5 定 价：128.00 元

前　言

人民有信仰，国家有力量，民族有希望。少年强则国强，青少年是祖国的未来、民族的希望。青少年时期是人生学习和成长的关键阶段，也是个体社会化的重要阶段，合理的偶像崇拜行为对青少年的人生观念、价值取向及消费理念会产生重要影响。体育明星崇拜对青少年的心理认知、情感态度及对体育锻炼兴趣的产生都起着非常重要的作用，潜移默化地影响青少年的身心健康。2020 年 4 月 27 日，中央确定“健康第一，体教融合”，推动青少年文化学习和体育锻炼协调发展。将“崇拜教育”纳入学校教育的正轨已成共识，关注学生的偶像崇拜，将偶像教育融入日常学校体育教学，充分发挥体育明星在体育教学中的“杠杆作用”，挖掘体育明星的内在品质，推行偶像－榜样教育，合理利用传媒，渲染校园体育文化氛围，是体育明星崇拜的教育启示。

真正的教育就是一种信仰，体育明星崇拜与学校体育教育相结合，促进体育明星向榜样转化，通过塑造小学生对体育明星的认知、情感态度价值观，挖掘体育明星的学校教育价值，促进其体育锻炼行为，培养德智体美劳全面发展的民族接班人，这方面的研究具有重要的理论意义与实践价值。

著　者

2020 年 10 月

目 录

1　研究缘起

信仰是人类精神世界的生命和灵魂，主导着人的精神活动，对人的一生会产生深远的影响。随着改革开放的不断深入和科学技术的飞速发展，在经济繁荣的同时，社会的信仰体系受到了前所未有的冲击。在信息化时代背景下，不同文化相互碰撞、冲突、渗透、融合，西方意识形态扩张的外部挑战与国内思想多元的内部困扰，导致我国民众信仰缺失，我国社会也将面临严重的信仰危机困扰①。

信仰指对某种思想或宗教及对某人某物的信奉敬仰，并将其奉为自己的行为准则，人类最原始的两种信仰是天地信仰和祖先信仰。信仰带有理智的主观和情感体验色彩，特别体现在宗教信仰上。哲学家认为，信仰是"一种强烈的信念，通常表现为对缺乏足够证据的、不能说服每一个理性人的事物的固执信任。"信仰是人类生存基于现实生活之上的最根本的、具有超越性

① 王一博．对当代中国信仰危机的哲学反思［J］．学理论，2012（28）：60-61.

的追求，它不仅引导人们的行动，同时给予人们以希望，是人们的精神支柱和终极归宿。作为一种具有综合整体性的精神活动，信仰构成了社会或个人在精神文化上的追求,体现了对最高价值的一定对象的坚定信念和不懈诉求，为人们提供了不断努力追求生命意义和提升人生境界的精神向导，构筑了人类自我的精神家园。信仰表达人对生命中理想和价值目的的期待与超越，实现生命的满足，成为人类精神领域必不可少的重要组成部分。

信仰包括个体信仰与社会信仰，前者是以个人为主体的信仰，具有明显的主观性；后者的主体则是社会共同体，是指一个国家、民族或其他独立的群体在长期的政治、经济、文化生活中形成的相对稳定的确定性及整体性的认识，寄托了该社会共同体的归属感和精神性情感。社会信仰具有传承性和延续性，在人类社会的存在和发展中具有举足轻重的作用，是这个社会共同体的一种精神坐标，体现了巨大的凝聚力和向心力，同时满足生活在其中的人们的情感需要，并使之产生归宿感，不断推动人类社会的前进与发展。社会信仰是一种人类的终极关怀，体现人类群体的最高价值和人类自身具有社会属性的本质特征。

信仰具有稳定性和持久性，它的确立正是人通过自身的本质力量自觉地去除劣根性，同时也是确立人未来生命发展方向的过程。在此过程中，有完成自我发展的强烈愿望和理性延伸的自我清醒，决定了信仰持久、稳定的性质。

1.1 信仰危机

信仰危机是“自己原有的信仰发生一步步的怀疑和动摇，甚至全部的抛弃但还没有确立或无法确立新的信仰的精神状态。”[①]作为一种极其复杂的社会现象，信仰危机渗透于社会的各个领域，影响人们生活的各个方面，甚至会否定人们的价值认同和精神追求，带来一系列的包括精神支柱的丧失、社会发展失去精神动力等问题，对个体自身发展和社会主义现代化建设都带来严重阻碍，造成不可估量的后果。

信仰危机实质上是一种精神危机，由于对社会倡导的共同信仰缺乏一致的认同感，导致对信仰根基的迷失和主导信仰内容的失范，造成许多人的个体精神迷茫和精神支柱的轰然坍塌，从而引起社会失序、榜样失范等一系列的社会问题。我国当前的信仰危机主要表现在以下三个方面。

第一，信仰趋向多元化。我国具有悠久的历史和深厚的文化底蕴，造就了一个信仰多元的国家。新中国成立后，马克思主义信仰成为我国的主导信仰。随着对外开放的不断深入和改革步伐的加快，文化交流模式与文化环境相对封闭的态势逐渐被打破，人类原有的一元文化体系受到多元文化的挑战。全球化和信息化的不断加快，传统社会的文化观念体系和个人行为模式不可避免地受到外来多元文化和观念的冲击，新的多元文化体系替代原本相对稳定的理想信念体系，使特定群体的行为方式趋向多元化、离散化和冲突化，人们的思想观念也会在这种冲击过程中发生巨变和重组，给信仰教育带来机遇与挑战[②]。

第二，社会主导信仰形式趋向弱化。我国社会目前正处于转型期，经济

① 荆学民．试论信仰危机［J］．求是学刊，1995（4）：25-30.

② 张露．多元文化背景下大学生理想信念教育研究［D］．太原：中北大学，2013.

结构、文化结构、价值观念等发生了深刻变化，而市场经济所引发的利益失衡导致价值观念的扭曲、价值标准的背离，使人们对原有的信仰产生了迷茫感，多种信仰形式在一定程度上对马克思主义信仰产生消解作用。

第三，信仰的功利化和非理性化蔓延。市场经济的飞速发展极大地提高了人们的经济和生活水平，与此同时，有些人在追求自身利益的同时，把物质利益和金钱当作人生的第一目标，导致物欲横流、精神萎靡，社会信仰功利化的趋向愈发严重。当外在性的物质满足感与内在性的精神追求和理性沉思出现矛盾时，物质的丰富并不能掩盖精神的匮乏和迷茫，信仰缺失日益严重，信仰对最高价值追求、真理追求等的引导力越来越弱化，理性对自身的制约作用也越来越小，非理性化蔓延。

信仰危机主要有以下三种根源。

第一，社会转型的影响。我国正处于经济体制改革带来的巨变当中，市场经济的竞争性原则打破了以前的“平均主义”观念，而制度建设滞后、民主法治不健全以及贫富差距加大，导致出现一些社会问题，如贪污腐败、弄虚作假、个人私欲膨胀等，这些问题使一些人对社会产生不满情绪，甚至对马克思主义信仰产生怀疑。

第二，国际政治问题的冲击。20 世纪 90 年代初苏联解体和东欧剧变是一场社会主义历史上的“地震”，在一定程度上动摇了部分人的马克思主义信仰。近年来，我国处于经济快速发展期，在有些年轻人的认识中，产生重经济、轻精神倾向，开始对马克思主义信仰持怀疑态度。

第三，资本主义思潮的影响。全球化、后工业时代，西方文化的入侵和碰撞，使许多人，特别是青少年盲目崇拜西方思维方式、价值观念以及生活方式等。

信仰对人生具有重要的意义，同样也承载着一个国家、一个民族的精神追求，能为整个社会提供不竭的精神动力和正确的价值标准，为社会前进指明方向。在社会价值和自我价值相统一的哲学层面上，如何找回失落的精神家园，筑牢信仰之基，补足精神之钙，把稳思想之舵，使人人有信仰、有情怀、有担当，树立高远的理想追求和深沉的家国情怀，成为这个时代的重大课题。“作为灵性存在者的人类，某种形式的精神崇拜或理想追求总是其灵性生活中不可缺少的元素。”[①]信仰可能从某种维度上催生理想，闪烁着无限可能的光芒。信仰和理想在很大程度上对个体自身的存在与发展具有重大意义，是“追求的不灭的灯塔”。这里也为“信仰”赋予了“度”的意义，过之则趋向于偶像崇拜，不及则陷入困惑与迷茫，过之与不及都可能不是最佳抉择。偶像崇拜也有一定的“度”，过之则属于信仰发生畸变的范畴。随着市场经济的迅速发展和当代媒介的宣传效应，应运而生一种“泛偶像化”社会现象[②]。这是作用于青少年思想行为的结果，是在特殊背景下产生的、发生在青少年群体中的普遍现象，具有一定的时代性。信息技术的发展和媒体文化的变迁，使青少年的价值观更加多元化。新媒体对偶像流水线式的生产、宣传和炒作，给青少年的信仰教育带来一定的困难，同时也暴露出传统的信仰教育模式存在的弊端与不足。探索和创新

① 万俊人.信仰危机的“现代性”根源及其文化解释［J］.清华大学学报（哲学社会科学版），2001，16（1）：22-29.

② 李勃，丁萍.新媒体时代青年“泛偶像化”现象解读［J］.中国青年研究，2013（9）：14-17.

青少年的信仰教育模式，构建良好的网络媒体环境，是“泛偶像”时代对青少年信仰教育、重建社会信仰应寻求的最终出路[①]。

1.2 青少年明星崇拜的研究意义

青少年时期是一个人学习和成长的关键阶段，是个体由童年向成年的过渡，是个体社会化的重要阶段。一方面，他们的生理渐趋成熟，开始想要摆脱父母的束缚，独立自主。另一方面，心理发展的滞后性使处在“心理断乳期”的青少年面对外界刺激时充满迷茫与矛盾，甚至出现新时代的“空心病”。“空心病”是指价值观缺陷导致的心理障碍，症状为：情绪低落、兴趣减退、快感缺乏，有很强的孤独感和无意义感，非常在意别人对自己的看法，其核心问题是缺乏支撑其意义感和存在感的价值观[②]。“空心病”这种状态持续时间较长，一般从初中开始。偶像作为一种认知和情感的符号，对青少年的生活态度和行为方式会产生重要影响，合理的偶像崇拜行为能有效地破解青少年群体普遍存在的“空心病”。儿童发展心理学认为，偶像崇拜是青少年时期日益强烈的自觉意识与强烈情绪体验所表达出来的特殊现象[③]，对青少年的价值观念、消费观念及其人生态度产生重要影响，对促进个体成熟，不断完善自我，成为身心健康发展的全人以及社会更加持续、有效、和谐发展具有重要意义。

---

① 郭青，李奋生．“泛偶像”时代青少年榜样教育的困境与出路［J］．中国青年社会科学，2017（1）：81-87.

② 中国网．学生得了空心病 30% 北大新生厌学［EB/OL］．（2016–11–25）［2020–11–29］．http：//edu.sina.com.cn/l/2016–11–25/doc–ifxyawmm3304821.shtml.

③ 让・皮亚杰．儿童的心理发展［M］．傅统先，译．济南：山东教育出版社，1982.

当前的教育系统和社会的宏观环境将注意力聚焦在公共事业上，更多地关注青少年的物质需要与成长结果，对该群体的精神和情感需要重视不够。与此同时，商业金钱观念对他们造成潜移默化的影响，媒体对娱乐的夸张渲染导致青少年偶像崇拜中的一些异常行为。以心理学、社会学等多学科理论为基础，综合分析青少年偶像崇拜的特征、影响因素、动因、作用及其存在的问题，通过学校体育教育干预，为科学引导青少年的体育明星崇拜，促进其积极参与体育锻炼，提高身体素质，树立正确的世界观、人生观、价值观，并形成正确的人生态度提供参考，朝着“人民有信仰，国家有力量，民族有希望”的方向发展。

2 明星崇拜的理论基础

2.1 社会学理论

2.1.1 符号资本理论

在符号学领域中，关于偶像崇拜的争论经久不息，“梦”“偶像”“粉丝”等关键符号别有意义①。

作为现代符号学的奠基人之一，美国著名逻辑学家和符号学家查尔斯·皮尔斯认为，符号是“某种对某人来说在某一方面或以某种能力代表某一事物的东西。”②以符号学为方法论，分析体育明星的符号结构、符号类型发现，体育明星是由大众传媒利用图像、声音、文字、色彩等复杂符号，对运动员本人某些事件或信息进行选择和加工，重新加以结构化以

---

① 吴志文 . 偶像崇拜的符号学解读［J］. 当代传播（汉文版），2007（5）：34-35.

② 王铭玉，宋尧 . 符号语言学［M］. 上海：上海外语教育出版社，2005：20.

后，展现在大众面前，并激发人产生象征意义联想的运动员形象。体育明星是消费社会、体育产业化、人类自觉生命意识等的象征。

在布尔迪厄的社会学理论体系中，“资本”是“行动者的社会实践工具，这种工具是行动者积累起来的劳动，它可以是物质化的（经济资本），也可以是身体化的（社会资本、文化资本），也可以是符号化的（符号资本）。每种资本形式都具有可传递性，不同资本形式之间还具有可转换性。”[①]其中的符号资本最具有转换力量，符号资本指的是“特权、声名、神圣性或荣誉的累积程度，建立在知识和认可的辩证法基础之上。”[②]

下面以布尔迪厄的符号资本理论来分析“体育明星”的形成与发展。“体育明星”就是一种符号资本，它由社会认可（“体育明星”是社会公众对体育领域中取得优异成绩并具有广泛影响力的运动员的一种约定俗成的称呼）而形成，并能够在与社会和公众的互动（消费）中为自身带来经济利益、身份地位和象征权利。“体育明星”并非具体的个人，而是具有“象征意义联想的运动员形象”“蕴含多种符号象征”[③]，是具有表征意义的区隔符号。现如今，体育明星不仅出现在竞技场域，而且活跃在娱乐、商业、时尚等领域，享受亿万人的崇仰和膜拜，并获得天价收入。由此而论，“体育明星”不仅仅是符号，而是作为一种资本和权利形式，在当代体育休闲

---

① 宫留记．资本：社会实践工具：布尔迪厄的资本理论［M］．开封：河南大学出版社，2010：103.

② PIERRE B. The field of cultural production：essays on art and literature［M］. Cambridge：Columbia University Press，1993.

③ 马瑞，沈建华．体育明星偶像认同对青少年体育价值观的影响［J］．体育学刊，2015（4）：52-56.

娱乐产业中发挥非常重要的作用。

“体育明星”不仅是群体称谓符号，而且是一种符号资本。“体育明星”符号资本形成于体育组织的权威认可[①]、大众媒体的传播赋名[②③]和体育粉丝的符号消费过程[④]，通过资本转换与权利柔化（拥有显性的社会影响力和感染力、隐性的粉丝控制力和号召力，符号资本转化为经济资本、政治资本、社会资本和文化资本）[⑤]、资本衡估与价值度量（社会知名度、商业价值度、个性区隔度和大众认可度）、资本变现与价值增值（“体育明星”符号资本还能够通过投资入股实现价值增值）[⑥]、资本生产与产业运作（主要围绕“体育明星”制造而展开的体育赛事的职业化、市场化运作）等方式发挥着价值张力。受制于资本和权利的双重诱惑，符号资本的持续累积成为运动员的价值诉求，“体育明星”符号资本累积的主要路径有：持续提高竞技实力，厚植符号资本[⑦⑧]；不断尝试场域跨越，延拓符号资本（参加商业活动、综艺节目、著书立传、产品代言、出演影视剧等多领域的尝试，

---

① 皮埃尔·布尔迪厄.国家精英：名牌大学与群体精神［M］.杨亚平，译.北京：商务印书馆，2004：129.

② 王士宇.中国体育的媒介镜像：叙事学视角下体育报道的话语变迁［M］.北京：世界知识出版社，2015：89.

③ 张小争，郑旭，何佳.明星引爆传媒娱乐经济［M］.北京：华夏出版社，2005：47.

④ GOODGER J M. Collective representations and the sacred in sport［J］. International review for the sociology of sport，1985（3）：179-188.

⑤ 邓星华，宋宗佩.中国体育对外传播的反思与超越［J］.体育学刊，2017（2）：13-18.

⑥ 吴成良.美国公司，把体育明星变成股票［J］.环球人物，2014（9）：66.

⑦ 郜峰，张文杰.职业运动员人力资本价值的衡量［J］.体育学刊，2015（5）：54-58.

⑧ 张杰.从成绩资本产权角度分析明星运动员失范行为的规制［J］.体育与科学，2014（4）：97-100.

拓宽符号资本的活动领域，保持足够的曝光度和活跃度）；积极参加公益活动，提升符号资本①②，遵从德操，恪守法纪，珍惜符号资本（“体育明星”的行为必须控制在法律、规则和榜样框架内）③④。

2.1.2 传染论和规范形成论

学生生活在集体中，他们的偶像崇拜行为便是集体行为之一，与青少年偶像崇拜现象有关的集体行为理论在此仅涉及传染论和规范形成论。传染论认为，强烈的传染性存在于群众现象中，会同化参与者于群众之中，人们因此产生一种共同的心理状况，并陷入群众的潮流之中。个人思想观念也因此变得与集体相似甚至一样，这是群众心理不变的定律。规范形成论则认为，新的规范一旦形成，群体中的成员就会去维持它，那些有不同于集体情感的成员因群体规范的约束也不得不表现出和群众一致的行为，使群众的约束力更大，增加了群体的一致性，这样的因果循环，使群众的集体行为更为明朗。这两个理论深刻地揭示了中学生偶像崇拜行为的从众现象。

---

① 郝家春，张志佳．中国体育明星社会责任解析［J］．首都体育学院学报，2009，21（3）：276-280.

② 李玉健．试论体育明星品牌生命力及其维护［J］．南京体育学院学报（社会科学版），2007（4）：61-64.

③ 曹世华．知名运动员形象的商品化权及其相关利益平衡［J］．上海体育学院学报，2006（4）：5-9.

④ 黄启龙，邓星华．“体育明星”符号资本的生成逻辑与累积路径［J］．体育学刊，2019（1）：47-51.

2.2 心理学理论

2.2.1 基于心理学的神圣化理论

由于一些体育项目具有特殊的文化背景、象征意义和环境氛围，体育粉丝常会被唤起内心的神圣感。例如瑜伽、太极拳、武术、登山、长跑等体育项目非常有利于修养内心，而足球、篮球的粉丝也常表现出统一着装、摇旗呐喊等类宗教仪式行为[①②]。对于长期参与某项运动的体育粉丝而言，运动已被赋予了个人意义，甚至升华为他们内心的信仰并被神圣化，从而为持久参与这项运动提供了精神层面的动力[③]。体育营销者有意识地通过唤起这种神圣感来吸引粉丝，如一些瑜伽俱乐部通过场馆的宗教化装修风格、轻柔神秘的瑜伽音乐以及精心设计的仪式来营造一种庄重和神圣的体验。心理学中的神圣化理论认为，神秘体验和群体交融感是神圣感形成的前提条件[④⑤]；McGinnis 等[⑥]通过对高尔夫球手的实证研究发现，流体验和交融

---

① MARIA D M，RABIO H. Sports players：the heroes of the mediated sacred sphere［J］. Journal of communication studies，2011，4（8）：105-125.

② SHLLING C，MELLO P. Re-conceptualizing sport as a sacred phenomenon［J］.Sociology of sport journal，2014，31（3）：349-376.

③ LYNN Q K. Sacred sport：a study of student athletes' sanctification of sport［D］. Bowling Green：Bowling Green State University，2008：12-13.

④ 埃弥尔·涂尔干. 宗教生活的基本形式［M］. 渠东，汲喆，译. 上海：上海人民出版社，2006：35-40.

⑤ 约翰斯通. 社会中的宗教：一种宗教社会学［M］. 袁亚愚，钟玉英，译. 成都：四川人民出版社，2012：56-60.

⑥ MCGINNIS L P，GENTRY J W，GAO T. Antecedents to consumer perceptions of sacredness in extended service experiences：the case of golf［J］. Journal of service research，2012，15（4）：474-488.

感对消费者神圣感具有显著的正向影响，而那些精神性（spirituality）水平较高的人更容易体会到神圣感[①②]。另外，神圣感可以促使人们保持一种主动的行为，以保证这种信仰和神圣感的延续[③④]；神圣感也可以推动消费者对某项活动更深层次地参与、尊重和奉献，并做出更持久的承诺[⑤⑥⑦]。

心理学中的神圣化理论认为，神秘体验和群体交融感是神圣感形成的前提条件[⑧]。将消费者神圣感作为中介变量、消费者精神性作为调节变量，从消费者神圣感视角构建体育粉丝持久参与的形成机制模型。结果显示，流体验和交融感对持久参与具有显著的正向影响，且消费者神圣感在以上过程中具有完全中介效应，这种效应受消费者的精神性调节[⑨]。

---

① FRY L. Toward a theory of spiritual leadership［J］. The leadership quarterly，2003（6）：693-727.

② KALE S. Consumer spirituality and marketing［J］. Asia-Pacific advances in consumer research，2006（1）：108-110.

③ PIMENTEL R W，REYNOLDS K E. A model for consumer devotion：affective commitment with proactive sustaining behaviors［J］. Academy of marketing science review，2004（2）：1-45.

④ 怀特海. 宗教的形成：符号的意义及效果［M］. 周邦宪，译. 贵阳：贵州人民出版社，2007：15-20.

⑤ BELK R W，WALLENDORF M，SHERRY J J. The sacred and the profane in consumer behavior：theodicy on the odyssey［J］. Journal of consumer research，1989，16（1）：1-38.

⑥ LEVI D，KOCHER S. Perception of sacredness at heritage religious sites［J］. Environment and behavior，2013（7）：912-930.

⑦ TRINH T T，RYAN C. Heritage and cultural tourism：the role of the aesthetic when visiting Cham Museum Vietnam［J］. Current issues in tourism，2015（2）：1-26.

⑧ 罗纳德·L. 约翰斯通. 社会中的宗教：一种宗教社会学［M］.8 版. 袁亚愚，钟玉英，译. 成都：四川人民出版社，2012：56-60.

⑨ 刘伟，王小燕，安立仁. 体育粉丝持久参与的形成机制：消费者神圣感的中介及精神性的调节［J］. 上海体育学院学报，2018（1）：87-94.

2.2.2 精神分析理论

香港城市大学博士生岳晓东根据以往对青少年偶像崇拜的实证研究，从精神分析理论、行为主义理论和认知发展理论三大心理学流派入手，比较系统地研究了青少年偶像崇拜的心理机制。青少年偶像崇拜源自个体的精神分割需要，是青少年探索自我同一性的重要媒介。根据弗洛伊德的精神分析理论，岳晓东将偶像崇拜理解为青少年成长过程中的一种性冲动转移。他认为，青少年在自我成长过程中，个体日益增强的欲望冲动不能只指向父母及同辈人，还需要指向父母之外类似于明星的遥远人物，以弥补因脱离对父母的依赖而产生的情感真空。

2.2.2.1 弗洛伊德的精神分析理论

精神分析理论属于心理动力学理论，由奥地利精神科医生西格蒙德·弗洛伊德（Sigmund Freud）于19世纪末20世纪初创立。根据弗洛伊德的性本能理论，青少年在成长过程中，小时候追的“星”是他们眼里父母的强大无所不能。但随着年龄的增长，青少年的心灵版图也逐渐扩大，他们不再把学习的对象局限于父母，而是面向父母以外更多的重要他人。发展心理学家埃里克森（Erikson）认为，偶像崇拜实际上是个体将儿童时期对父母的养育式依恋转移到青少年时期对异性的浪漫式依恋的一种表现，是一种性冲动转移。

弗洛伊德认为，人的精神活动的能量源自本能，本能是推动个体行为的内在动力，其中性本能冲动是人一切心理活动的内在动力，也是人格发展的基本动力。从12岁开始，儿童进入一个所谓“生殖期”阶段，性冲动开始活跃起来。但在社会伦理面前，青少年必须压抑其本能，否则就会成为“罪犯”“不受法律保护的人”。但是，这种压抑并不会使本能的性冲动消失，而只能是“在不减弱其强度的前提下转移它的目标”。一方面，由于社会不允许这个年龄段的青少年有性活动，儿童只能将性本能的冲动能量转向其他方面，如获取知识、锻炼身体等。另一方面，就性欲对象而言，他们首先把自己的异性父母作为爱恋对象，然而，这种有悖社会伦理的爱恋使青少年产生焦虑。为了减轻这种焦虑情绪，他们试图消除与父母的情感联系，而转向家庭以外去寻找情感依托和认同对象。

就偶像崇拜的潜意识动机而言，人们在进入青春期后，找寻父母“替代品”的愿望会愈加强烈。青少年开始要求摆脱对父母稳定而牢固的情感依附，走向自立，由此出现了与父母之间的疏离甚至是关系的断裂。为了弥补脱离对父母依赖而产生的情感真空，他们急需一个稳定的自我形象来确认自己，需要一个看得见、摸得着的真实人物作为自我的代表。由此，那些具有很强社会效应的偶像人物便成为青少年的参照榜样。对偶像的认同正是他们寻找到的一种新的情感依托与情感表现的完美形式，即通过认同某个人的价值观念、行为方式抵消了因性愿望不断增加而造成的身体、心理上的压力，同时也弥补了由于与父母、家庭成员关系的疏远所带来的失落和苦闷，是一种性欲发展的正常走向。

同时，随着个体欲望冲动的不断增强，青少年也需要将儿童时期对父母的养育式依恋转移到青少年时期对异性的浪漫式依恋中，突出表现为对崇拜对象的迷恋并充满了浪漫幻想，甚至是性爱的幻想。在这种超越现实的情感体验下，沉溺于此的青少年把异性偶像当作一般的梦中情人，希望成为该偶像的恋人。有调查结果表明，对异性名人的浪漫性依恋是青少年偶像崇拜的一个基本特征，而且女性的浪漫式依恋一般高过男性。总之，依照弗洛伊德的精神分析理论，青少年期的偶像崇拜源自个体的精神分割需要，青少年需要认同特定的偶像来强化自我的力量①。

崇拜是个体对自身、他（她）人以及某外界事物所具有的高度的尊重、钦佩与信任，是对幻想中杰出人物的依恋，但这种幻想常常被过分地强化或理想化②，是青少年将对父母的养育式依恋移情到对生命中重要人物的认同式依恋之表现③，是青少年在情绪上逐步摆脱父母束缚、日益自主的特殊时期，对偶像的一种暂时性的次级依恋（secondary attachment），是追寻“理想自我”的表现，是在自我否定期追求自我肯定和理想自我的一种特殊形式，有助于青少年投射自我以及重新建构自我④。

面对时代的动荡变迁，在解决具体的现实问题时，弗洛伊德的本能理论已经无法解释现实现象。时代需要一套可完整描述的、清晰可见的、与现实相互作用的机制和一个机制的承担者，该机制需要既能透析社会转型中的经济、政治、文化、社会的变化对人格形成、生活方式、思维方式、价值观产生的影响，还能统摄个体的自然性和社会性，并能够整合个体对自身生物性及社会性发展的认识。埃里克森的“自我同一性”概念正是在

---

① 陈晓芳.精神分析理论视角下的青少年偶像崇拜问题［J］.太原师范学院学报，2009（6）：158-160.

② FROMM A. The ability to love［M］. New York：Farrar，Straus，and Girous，1967.

③ ERIKSON E. Identity：youth and crisis［M］. New York：Norton and Company，1968.

④ MCCUTCHEON L E，LANGE R，HOURAN J . Conceptualization and measurement of celebrity worship［J］. British journal of psychology，2002（1）：67-87.

这个意义上提出的。

2.2.2.2　新精神分析理论

在弗洛伊德精神分析理论基础上，诞生了以美国心理学家埃里克森（Erik H. Erikson）为代表的新精神分析理论。埃里克森在重要著作《儿童期与社会》（*Childhood and Society*）一书中提出了“心理社会发展说”（psychosocial stage theory of development）。他将青少年的偶像崇拜理解为青少年在青春期走出角色冲突、探索寻找自我同一性（self-identity）的过程[①]。埃里克森提出的“自我同一性”理论认为，个体从出生就开始追寻自我同一性，在青少年阶段，个体对同一性的追寻比其他任何时期都更为强烈和深刻。青少年面临“自我同一性混乱”的危机，这个阶段的发展任务就是要建立恰当且稳定的“自我同一性”，因而，“青少年也在激烈地寻求可以信仰的人和观念。”青少年偶像崇拜源自个体的精神分割需要，通过偶像崇拜，将自己认同某人，一方面可以使个体避免青少年时期易出现的角色混乱，有利于建立“自我同一性”。另一方面，在此过程的社会体系中倡导的价值观念可以被青少年习得和认同。作为个体认同并信任的对象，偶像反映了个体积极的自我确认，是青少年在成长过程中对现实自我不满足而寻找到的最佳理想自我，是自我同一性的最佳代表。

“同一性”（identity）又称自我认同，是个体关于自己是什么样的人、在社会上占有什么样位置的认识，是个体对过去、现在、将来的“我”的

---

① 张海青，齐鑫．精神分析理论视域下的青少年偶像崇拜现象分析[J]．河南农业，2009(12)：46.

认识和体验的思考。“同一性是他许诺在将来预计要成为的人，是处于他看到他自己的形象和他感受到别人对自己的看法以及期望他成为的形象之间的东西……”同一性既指自我独立性、连续性和不变性的意识，又指自我具有一定集团和成员之间共同的连带感、价值观、目标追求等。

研究者常从不同的视角来理解“自我同一性”，有时指有意识的个体的同一感，有时指个人性格的连续性，有时作为一种自我综合活动的标准，有时还作为一种与团体的理想和内在同一性的保持。它既包含意识的一面，也包含无意识的一面；既与自我发展相联系，又与团体同一性相联系；既是自我的综合作用，又是自我综合的结果和标准。

“自我同一性”的形成是持续一生的过程，且在青少年时期占有首要地位。青少年最主要的任务是选择和确定自己的社会角色，包括性别角色、职业角色和交往角色，这是实现自我价值与社会价值的目标。“自我同一性”的病理状态表现在同一性的扩散、同一性的混乱、同一性的抵抗和反社会人格等方面。

2.2.2.3 生命周期：同一性的渐成说

埃里克森认为，人格发展的每个阶段都存在冲突或两极对立。危机实际上是人格发展中的转折点，既可能是灾难或威胁，又可能是发展机遇。对危机的积极解决会增强自我的力量，使人格得到健全发展，促进对环境的适应；对危机的消极解决会削弱自我的力量，使人格不健全，阻碍对环境的适应。

埃里克森借用胎儿发展的概念，认为人的发展是依照渐成论原则而展开的一个进化过程。埃里克森主张将人的生命周期分为 8 个阶段，在个体的发展过程中，以自我为主导，按照自我成熟的时间表，将内心生活和社会任务结合起来，形成一个既分段又连续的心理社会发展过程。

2.2.2.4 “自我同一性”的层面划分

埃里克森将“自我同一性”划分为三个层面，即最初意义上的自我同一性（ego identity）、个人同一性（personal identity）和社会同一性（social identity）。① 自我同一性尤指儿童期“自我为中心”的状态，特指儿童自我与儿童个体之间的衔接性。② 个人同一性注重区别于他人，关注社会环境而形成的自我，它关乎个人的理想信念、价值取向、人生目标。③ 社会同一性是平衡个人与集体理想之间的责任感与正确的价值追求。

如果说同一感是个人内部和外部的整合与适应之感，那么同一性混乱则是个人内部和外部之间的不平衡与不稳定之感，典型的同一性混乱表现为“我掌握不了某些生活”，陷入古怪而难以接近的心境之中。埃里克森认为，同一性混乱是青少年同一性失衡的体现，意味着自我同一性不成功。埃里克森列举了美国青年同一性混乱的七种表现。① 时间前景对时间混乱（如急躁、拖拉等）。② 自我肯定对冷漠无情（如缺乏信心）。③ 角色实验对消极同一性（如不能认识自己或出现一种超人感）。④ 成就感预期对工作瘫痪（如对成就不抱希望）。⑤ 性别同一性对性别混乱（如疏远异性或性生活随便）。⑥ 领导的极化对权威混乱（如盲目反上、盲目服从）。⑦ 思想的极化对观念混乱（如找不到文化、哲学方面的真实意义，即通常说的信仰危机）。对青年而言，要在这七个方面完成整合绝非易事，他们往往感到自己没有能力持久地承担义务，他们作出的决断过多、过快，而且每一个决断的作出都付出了相应的代价——使未来的抉择有所减少。

个人在青年时期出现这类现象实属正常，但有些人的这段混乱时间延续过长，有些问题甚至终生无法解决。

埃里克森认为，青少年在成长过程中出现的是非不分、理想信念缺失、人生目标模糊、对所有事情持无趣和无聊的态度、对社会不满甚至违法犯罪等现象或社会问题，是消极的同一性或同一性混乱的表现，其根源在于他们对自我缺乏清晰的同一感，不清楚或回避考虑个人的品质、目标、须扮演的角色及价值观等问题，自我评价偏低，难以承担自己生活的责任。

“自我同一性”对个体具有个体适应和社会适应两方面的意义。就个体适应来说，建立“自我同一性”意味着对自己获得恰当和充分的了解；就社会适应来说，建立“自我同一性”则意味着人对自己在社会中的地位有了明确的定位。儿童在进入青少年时期后，原有的自我同一性遭到破坏，自我出现分裂，个体面临“自我同一性和角色混乱冲突”（conflict between identity versus confusion）的危机。

偶像作为个人认同并信任的对象，反映了个体积极的自我确认，是青少年在成长过程中对现实自我不满足而找寻到的最佳理想自我，是自我同一性的最佳代表。就偶像崇拜的成长需要而言，青少年时期是人们“热烈寻求可以信仰的人和观念”的时期。人人心中都有一个现实自我和一个理想自我，偶像崇拜是在自我否定期追求自我肯定和理想自我的一种特殊形式，体现了偶像崇拜的投射效应（projective function）。投射效应是崇拜者将自我的某种梦想、欲望和缺憾投射到偶像身上的倾向。换句话说，在现实自我面前，青少年意识到生活理想和梦幻无法实现，于是通过痴迷于某些偶像的特质（例如容貌、身材、才能、家庭背景、生活阅历等）和成功（例如财富、社会地位、个人魅力）来获得合适的理想自我形象。总之，按照埃里克森的说法，偶像是青少年探索自我同一性、融入社会的重要媒介，它可以帮助青少年在青春期避免易出现的角色混乱，保持心理平衡。

2.2.3　社会认同理论

2.2.3.1　认同的起源及内涵

认同（identification）的概念起源于奥地利学者西格蒙德·弗洛伊德的心理分析理论。弗洛伊德认为："认同是精神分析已知的与另一人情感联系的最早表现形式，是个人与他人、群体或被模仿人物在感情上心理上趋同的过程"。从过程来看，认同是个体对某一社会范畴或社会类别的趋同过程；从结果来看，认同是个体对某一社会范畴或社会类别的接受状态。他认为，认同是一种学习，表现为楷模行为的作用；后来的学者认为，认同是个体受到其欲认同楷模的影响，想要或追求表现该楷模的价值理念与行为的过程或方式，而青少年偶像崇拜便是认同形式的明显表现。

埃里克森认为，个体从一出生就开始追寻自我同一性，即个体在现实社会中能达到的但又在不断修正的一种现实之感，是现实自我与理想自我趋近的同一感。尤其是进入青少年时期（12—18 岁），个体对同一性的追寻比其他任何阶段都更为强烈和深刻。这是因为，处在这一时期的青少年原有的自我同一性发生分裂，出现角色混乱、消极自我同一性和同一性过剩的焦躁现象。当青少年无法顺利地完成自我的再认识、无法准确做出价值观的选择、不能做出从现实自我到理想自我的转变时，他们就会将这一期望寄托在新的同辈伙伴及家庭外的领袖人物等偶像身上，寻求一种精神寄托与心理依赖。

艾里克森的“价值认同论”认为，“偶像崇拜是青少年自我确认的重要手段，是青少年成长的必经之路”。儿童时期的个体崇拜父母，稍大了就崇拜老师，但进入青春期之后，这些对象已不再适合个体发展的需要，需要确立新的价值认同，其途径就是由近及远，认识家庭外的优势人物，这时候偶像就出现了，他们被看成理想中的自我。偶像是镜子，折射的是个体希望自己成为的样子。理想中的自我引导现实中的自我，偶像崇拜能形成榜样的作用，激励青春期的你一路前行，但到了某个成长阶段，一个人就得学着从心理上把自己和偶像区分开，并找到现实自我的存在感。

岳晓东综合运用精神分析理论、行为主义理论和认知发展理论，系统地分析了青少年偶像崇拜的心理致因。他指出，青少年偶像崇拜是青少年个体欲望增强期因脱离对父母的依赖而产生的情感真空的一种补偿，是在自我同一性的角色冲突期追求自我肯定和理想自我的一种特殊形式，是受大众传媒强化和朋辈团体影响的结果，是填补情感空虚而对认同人物产生的模仿行为，是思想意识、思维方式不稳定的、不成熟的表现。

追星的青少年是要追寻自我。当他们或早或迟地走过童年，面对纷繁的世界时，往往会感到无所适从，要经历一个从自我迷茫到自我确认的发展过程。他们内心深处的困惑源于心中没有建立起一个稳定的自我形象，即所谓“自我同一性”。此时，他们开始思索自我的意义，急需一个看得见、摸得着的活生生的形象作为自我的代表。他们在公众人物中寻找具有自己欣赏特点的人物，于是明星出现了。如果明星能够有足以让他们佩服的表演，就会成为被崇拜的偶像。从这个角度来说，偶像是崇拜者的代言人，是崇拜者的理想自我，也是崇拜者心目中的未来。

在偶像崇拜的原因方面，绝大多数的大学生偶像崇拜源于自身对偶像较强的自我认同感。他们迫切寻求心理认同的同时，又深受同辈群体的影响。因此，偶像崇拜之所以成为他们心理认知的一种次文化，很大一部分原因是他们迫切地想把自己和成人文化区别开来。有研究者从青少年次文化的角度探讨了偶像崇拜问题，研究结果表明，青少年正处于心理认知的成熟期和发展期，正在寻找心理认同，同时受到同辈群体的影响也日益增多。同时，单个的青少年为了融入同伴群体的圈子，不至于显得另类，被同辈团体抛弃，因此偶像崇拜在青少年中非常普遍。这种观点和伊曼奴（Emanuel）认同式依恋的观点是不一致的。伊曼奴认同式依恋的观点，即偶像崇拜者对自己崇拜的对象发自肺腑的认同和佩服，没有其他干扰因素。

Turner 和泰弗尔（Tajfel）区分了个体认同与社会认同。他们认为，个体认同是指对个人的认同作用，或通常说明个体具体特点的自我描述，是个人特有的自我参照；社会认同是指社会的认同作用，或由一个社会类别全体成员得出的自我描述[①]。

社会认同论（social identification theories）是由泰弗尔等人在 20 世纪 70 年代提出的，是一系列受社会身份论（social identity theory）启发而建立的理论，并在群体行为的研究中不断发展起来。这些理论有不同的重点，但却有一共同的关注，即社会行为不能单从个人心理素质来解释，要较全

---

① TAJFEL H，TURNER J C. The social identity theory of intergroup behavior［M］//WORCHEL S，AUSTIN W（eds.）. Psychology of Intergroup Relations. Chicago：Nelson Hall，1986.

面地理解社会行为，必须研究人们如何建构自己和他人的身份（identities）。泰弗尔将社会认同定义为："个体认识到他（或她）属于特定的社会群体，同时也认识到作为群体成员带给他的情感和价值意义。"[①]人们会用自己或他人在某些社群的成员资格（group membership）来建构自己或他人的身份。依据社群成员资格来建构的身份被称为社会身份（social identity），依据个人的独特素质而建构的身份被称为个人身份（personal identity）[②]。

每个人都拥有多个社群的成员资格，却只会使用其中一部分来建立自己和他人的社会身份。人们在选择以某些社群成员资格建立社会身份时的心理动机，成为近代社会认同研究中最受关注的课题。

泰弗尔在社会身份论中提出了一个对社会认同研究影响深远的假设，即人们建立社会身份，是为了透过所认同的社群来提高自尊。社会认同与社会比较有非常密切的关系：人们会评价和比较各社群的优劣、社会地位和声誉，争取把自己编入较优越的社群，并觉得自己拥有该社群一般成员具有的良好特征。按照社会身份论[③]，社会认同由三个基本历程组成：类化（categorization）、认同（identification）和比较（comparison）。类化指人们将自己编入某一社群；认同是认为自己拥有该社群成员的普遍特征；比较是评价自己认同的社群相对于其他社群的优劣、地位和声誉。透过这

① TAJFEl J C. Differentiation between social groups：studies in the social psychology of intergroup relations［M］. London：Academic Press，1978.

② HOGG M A，REID S A . Social identity， self-categorization, and the communication of group norms［J］. Communication theory， 2010（16）：7-30.

③ TAJFEL H，TURNER J C. The social identity theory of intergroup behavior［M］// WORCHEL S, AUSTIN W（eds.）. Psychology of Intergroup Relations. Chicago：Nelson Hall，1986.

三个历程，人们抬高自己的身价和自尊。

人们通过积极区分来获得评价性的积极的社会认同，而积极区分是为了满足个体获得积极自尊的需要。这就暗示自尊的需要激发了个体的社会认同和群体行为，也就是说，社会认同是满足自尊的需要。

社会认同源于群体成员身份。人们总是争取积极的社会认同，而这种积极的社会认同是通过在内群体和相关的外群体的比较中获得的。如果没有获得满意的社会认同，个体就会离开他们的群体或想办法实现积极区分。

埃里克森在心理社会化的发展阶段有提及大学生在这个时期的特质为认同与角色混淆，大学生在界定自我身份过程中，模仿的对象特别重要。岳晓东、严飞从青少年自我认同的角度和情感依赖方面表示，青少年偶像崇拜的核心问题是心理认同和情感依附。青少年从自我的迷茫状态中走出来，需要通过对一些成年人或同龄人中偶像人物的认同来确认自我的价值，即个人在其认知、情感和个性发展上欣赏、接受另一个人的价值观、行为模式及外表形象等，并加以崇拜和模仿[①]。

社会认同理论强调了社会认同对群体行为的解释作用[②]。

社会认同理论认为，社会认同是由社会分类（social-categorization）、社会比较（social comparison）和积极区分原则（positive distinctiveness）建立的[③]。

---

① 岳晓东，严飞．青少年偶像崇拜之心理机制探究［J］．中国德育，2006（12）：11-16.

② BROWN R. Social identity theory: past achievements, current problems and future challenges[J]. European journal social psychology, 2000, 30（6）: 745-778.

③ TAJFEL H. Social psychology of intergroup relations[J]. Annual review of psychology, 1982(33): 1-39.

2.2.3.2 社会分类

Turner 进一步提出了自我归类理论（self-categorization theory），对泰弗尔的社会认同理论进行了补充，他认为，人们会自动地将事物分门别类。因此，在将他人分类时，会自动地区分内群体和外群体。当人们进行分类时，会将自我也纳入这一类别中，将符合内群体的特征赋予自我，这就是一个自我定型的过程。个体通过分类，往往将有利的资源分配给我方群体成员。社会认同理论认为，个体通过社会分类，对自己的群体产生认同，并产生内群体偏好和外群体偏见。个体通过实现或维持积极的社会认同来提高自尊，积极的自尊来源内群体与相关的外群体的有利比较。当社会认同受到威胁时，个体会采用各种策略来提高自尊。个体过分热衷自己的群体，认为自己的群体比其他群体好，并在寻求积极的社会认同和自尊中体会团体间差异，就容易引起群体间偏见和冲突[①]。

2.2.3.3 社会比较

社会比较使社会分类过程的意义更明显，这样使积极区分的原则起作用，而积极区分满足了个体获得积极自尊的需要。群体间比较通过积极区分原则使个体寻求积极的自我评价的需要得到满足。在进行群体间比较时，人们倾向在特定的维度上夸大群体间的差异，对群体内成员给予更积极的评价。这样就产生了不对称的群体评价和行为，偏向自己所属的群体，即从认知、情感和行为上认同所属的群体。

---

① 张莹瑞，佐斌. 社会认同理论及其发展［J］. 心理科学进展，2006（3）：475-480.

2.2.3.4 积极区分

在社会认同水平上的自我尊重是以群体成员关系为中介的，社会认同理论认为，个体为了满足自尊的需要而突出某方面的特长。因此，在群体中，个体自我激励的动机会使个体在群体比较的相关维度上表现得比其他成员更出色，这就是积极区分原则。Turner 和泰弗尔认为，有三组变量会影响群体间区分。一是人们必须在主观上认同他们的内群体。二是情景允许评价性群体间比较。三是外群体必须是可以充分比较的。社会认同理论认为，对属于某群体的意识会强烈地影响人们的知觉、态度和行为。个体过分热衷自己的群体，认为它比其他群体好，并且从寻求积极的社会认同和自尊中体会群体间的差异，这样就容易引起偏见、冲突和敌意。

2.2.4 行为主义理论

行为主义（behaviorism）又称“刺激—反应理论”，20世纪初起源于美国。该学说认为，人类的思维是与外界环境相互作用的结果，即“刺激—反应”，而刺激和反应之间的联结为强化。行为主义心理学认为，人的行为是建立在直接经验的基础上，是通过经典性条件反射和操作性条件反射而逐渐形成的。经典性条件反射强调条件刺激和无条件刺激的结合，而操作性条件反射则强调自身行为操作和辨别强化的结合。这两种条件反射都强调行为变化与环境变化的关系，认为强化是一种直接的无意识的活动。通过对环境的操作和对行为的积极强化，任何行为都能被创造、设计和改变。

根据行为主义理论的观点，青少年偶像崇拜是受大众传媒的强化和朋辈团体影响的结果。青少年偶像崇拜一方面是受到大众传媒的渗透和强化，另一方面是在朋辈团体中，因为渴望团体接纳的需要，而受到的来自集体的影响和强化。

关于朋辈群体对青少年个体行为产生的影响，詹姆士·柯尔曼（James Coleman）在经典著作《青少年社会》一书中曾指出，20 世纪 60 年代的美国青少年，由于种种原因，几乎被隔离在成人的“大社会”之外。急剧的社会变迁使家长难以和青少年子女同步并进。社会的专门化趋向要求青少年在学校接受更长时间的、更复杂的训练。在这个变迁过程中，青少年被迫转向自己的年龄组合寻求接纳①。芭芭拉·M. 纽曼和菲利普·R. 纽曼认为，处于青春期的青少年，面临群体认同和疏远的危机，因此需要归属某个同伴群体；否则，会体验到疏离感，将来可能难以建立起社会支持网络。

菲利普·R. 纽曼认为，朋辈群体对青少年认知和行为的强化作用也是十分显著的。正如“近朱者赤，近墨者黑”，如果青少年的亲密朋友都有崇拜某一偶像的表现，则他（她）会因为害怕被同伴孤立并被排挤出集体圈子而倾向崇拜该偶像人物。这种渴望得到集体接纳、害怕与众不同的心理压力促使青少年将偶像崇拜看作一种时尚，且通过崇拜同伴公认的偶像明星，使自己因为与周围同伴有共同语言，能融为一体而满足其归属感。这是一种从众心理（herd mentality），即个人受到外界人群行为的影响，在自己的知觉、判断、认识上表现出符合公众舆论或多数人的行为方式。从这层意义上说，朋辈群体对青少年偶像崇拜的行为起到一种刺激和强化

① COLEMAN J S，JOHNSTONE J W C，JONASSOHN K. The adolescent society：the social life of the teenager and its impact on education［M］. Greenwood Press Reprint，1981.

的作用。郝玉章和风笑天采用内容分析的方法，对 207 封“赵薇迷”的书信从社会学角度进行了分析，证实了青少年偶像崇拜与朋辈群体强化影响的关系，即在周围同学都喜欢赵薇的环境中，如果有人不喜欢赵薇，不崇拜赵薇，不仅会失去同学、朋友，甚至可能连日常交往中说话的机会也会因此减少。实验结果表明，只有很少的人保持了独立性，没有被动从众。所以，从众心理是个体普遍具有的心理现象。

总之，依照行为主义理论，青少年偶像崇拜完全是外界环境因素作用的结果，青少年对某类（个）偶像的崇拜也完全取决他（她）接受该偶像信息的多少。

2.2.5 认知发展理论

认知心理学认为，人的行为的产生是由人们内部的认知过程决定的，这类理论把人的行为的主要原因归于个体内部的力量。社会学习理论创始人阿尔伯特·班杜拉（Albert Bandura）认为：“那些内部的决定因素往往是从想象上由它们引起的行为中推论出来然后装扮成解释对行为加以描述。”

认知发展理论（cognitive-developmental theory）由著名发展心理学家让·皮亚杰（Jean Piaget）提出。所谓认知发展，是个体自出生后，在适应环境的活动中，对事物的认知及面对问题情境时的思维方式，随着年龄增长而改变的历程。

儿童认知发展理论是研究儿童智慧形成和认知机制发生、发展规律的学说和理论。根据这一理论，可以将青少年偶像崇拜理解为青少年思维发展不成熟的阶段性表现，是缺乏批判性思维的必然结果。儿童在 12 岁左右开始进入认知发展的最高阶段，即形式运算阶段（formal operational stage）。在理智方面，形式运算思维的出现使思维得到迅速扩展，青少年开始认为“反省思考是全能的。似乎世界应该服从一个观念的格式，而不应该服从现实的系统”。在情感方面，“青年的体系与生活计划既充满了丰富的情操与利他的打算，而同时又具有令人不安的妄自尊大和自觉的自我中心状态”。理智和情感上的这些特点使此阶段的青少年具备了抽象和概括社会价值取向的能力，已有能力将形式与内容分开，用运演符号来替代其他东西，也就是说，青少年能够进行自我反省，思考自己的心理特征和人格特征。但是，由于青春期“自我中心状态”的作用，对理想和现实的区分无法像成年人一样完善，批判式的抽象思维能力的发展也不稳定、不成熟。受到认知发展的限制，青少年会对自我缺乏清醒的批判认识，沉溺于对偶像热烈的梦幻和疯狂的追逐中，而忽略对其成功背后的努力及人格塑造方面的认同。对青少年偶像崇拜来说，青少年的自我中心状态过度膨胀，会夸大自己被关注的程度和情感体验，表现出情绪化和极端化的依恋性特征。从这层意义出发，一些青少年对偶像的盲目崇拜，归根结底，只是对自身认知不了解的盲目，而不是对偶像的盲目跟从。离开对自己的客观理解与合理评估，偶像所产生的作用就很容易本末倒置，盲目崇拜最终会演化为对偶像的一种近乎宗教似的狂热，这也是为什么部分青少年在偶像崇拜中会表现出激烈的情感和狂热的行为的原因。总之，认知发展理论把偶像崇拜当作青少年走出“自我中心状态”的阶段表现，青少年需要走过这一“理智狂热”阶段，并达到认知的进一步成熟与完善。

2.2.6 社会学习理论

20 世纪 60 年代，美国著名心理学家阿尔伯特·班杜拉（Albert Bandura）提出了“人格社会学习理论”，强调了个人出生后对社会规范和社会价值的学习过程，并通过该过程来发展自己的个性，这个过程也被称作个人社会化的过程。该理论认为，个体从出生后就开始进入人格的社会化过程中，大体分为三个阶段。第一阶段是人格偶像崇拜阶段，是个体受到家庭成员的心理和行为方式的影响而形成的人格崇拜；第二阶段是人格偶像阶段，是个体在进入青春期后，逐渐脱离对父母的依赖，开始独立思考但又对未来感到迷茫，这时会将能够满足自我理想的人物作为自己学习的偶像或者榜样，来弥补此阶段现实我的不足，个体有了新的偶像，需要对这一阶段的个体进行引导；第三阶段是独立人格阶段[①]。

班杜拉在行为主义和认知心理学影响下，把行为主义的强化变量和认知理论的认知变量紧密结合，形成社会学习理论，主要涉及观察学习、自我调节、自我效能、三元决定论等重要概念。学习不仅发生在经典性条件反射和操作性条件反射中，也能通过看、读或听别人的行为来学习。许多行为很复杂，所以不能通过强化这样缓慢的进程来学习[②]。

班杜拉提出，社会化学习的方式主要分为两种，即直接学习和观察学习，这主要包括正式的教育、奖赏、惩罚、模仿及认同等[③]。“大部分的

① 宋兴川，金盛华．多元选择：青少年偶像崇拜研究［J］．青年研究，2002（11）：1-7.

② STERNBERG R J, WILLIAMS W M. 教育心理学[M]. 张厚粲，译. 北京：中国轻工业出版社，2003：217.

③ 姜兆萍，张海滨．试论班杜拉的社会学习理论与人的发展［J］．烟台教育学院学报，2003（2）：52-55，90.

人类行为都是通过对榜样的观察而习得的”。毛泽东曾指出，一个人的知识不外乎直接经验和间接经验两部分，但事实上，人的精力是有限的，无法事事躬亲，多数知识都是间接经验的东西[①]。心理学研究结果表明，人类的行为既可以通过直接经验获得，又可以借助间接经验学习，观察学习就是一种间接学习。

2.2.6.1 观察学习理论的内涵

观察学习指人们通过观察环境中他人的行为以及行为结果，获得示范行为的象征性表象，从而作出与之相应的行为的过程。人类的学习多数是在社会交往中，通过对他人的示范行为的观察、模仿而进行的，学习者通过观察他人在一定环境中的行为，并观察他人接受一定的强化来进行学习的，这是在替代强化的基础上所发生的学习，因此，又称替代学习。班杜拉非常注重观察学习的重要性，认为人的个性是在观察学习的过程中形成的，在这一过程中，人们首先观察榜样的活动，观察的结果在人们头脑中形成一种意向，正是这种意向指导着人们在处于与榜样的活动相似的情景中，做出与榜样相似的活动。通过观察榜样的行为及结果而发生的学习活动实际上就是间接学习的一种。

观察和模仿他人是自我学习社会化的重要方式，个人行为的形成绝大多数都是自身通过对他人行为的认同、模仿进而将之内化而获得的。在社会学习理论中，模仿（imitation）是其核心概念。根据班杜拉的社会学习理论，青少年偶像崇拜是青少年对所认同的人物之思想、行为的直接性模仿（direct

① 毛泽东．毛泽东选集：第1卷［M］．北京：人民出版社，1951.

modeling），具体表现为对其崇拜对象在人生观、言行举止乃至服饰、发型等方面的仿效。

社会学习理论解释认同的动机时，认为个人会特别认同某一楷模，是由模仿与楷模彼此间交互作用所产生的行为结果而定，因此，模仿行为能否建立将视二者的关系而定，也就是通过学习理论的效果或增强理论的观点来解释模仿与认同。社会学习理论中，一些概念之间是密切联系的，如观察学习（observational learning）、模仿（imitation）、内化（internalization）及认同作用只是层次上的差别，模仿必先观察，认同过程中也有观察模仿的作用，而内化与进一步的认同是一致的。

班杜拉认为，观察学习不仅是一种单纯的模仿过程，更是一种认知调节过程，人类的很多行为，诸如合作、竞争、社会规范、态度和情感、榜样等，都是通过观察和模仿别人的行为而习得的。

2.2.6.2 观察学习中的强化

通过观察习得的行为并不一定要表现出来。班杜拉认为，人们可以只通过观察他人行为而习得新的反应；他人在做出某种行为后，当这种行为的结果没有与令人满意的诱因（强化）相结合时，人们就不去表现这种行为；习得的行为是否表现出来，取决于学习者对自己行为表现后果的预期，即学习者认为这一行为会得到奖励还是会受到惩罚。由此可见，人们通过观察获得的行为是否操作出来取决于强化引起的动机作用。所以，在观察学习过程中，强化起着重要的作用。班杜拉把强化分成直接性强化、替代性强化和自我强化。

（1）直接性强化。直接性强化或称为外部强化，是通过外界的直接刺激干预学习者的行为，是经典性条件反射和操作性条件反射所必需的。班杜拉认为："外在的结果虽然每次给予行为以影响，但是，它不是决定人的行为的唯一结果。人在观察的结果和自己形成的结果的支配下，引导自己的行为"。班杜拉更注重替代性强化和自我强化。如果学生预期行为能获得奖励的结果，就倾向于展示这种经过观察而获得的行为；反之，则会削弱操作这种行为的倾向。

（2）替代性强化。替代性强化指在通过观察习得的无数反应中，看到他人获得积极效应的那些行为比看到他人受到消极效果的行为更容易表现出来。当观察者看到他人的行为获得了奖赏的结果，就能增强自身产生这种行为的倾向；如果看到失败或受罚的行为，就会削弱或抑制产生这种行为的倾向，就是不通过自身的经验，而通过他人的行为结果替代对自己进行强化。例如，当一个学生的助人行为得到教师的表扬时，班上的其他学生就会更多地表现出助人行为。因此，在教育实践中，教师应正确地使用表扬和批评等强化手段，使学生在思想和行为与奖惩等强化手段之间建立合理恰当的联系。

（3）自我强化。自我强化，即人们对自己行为产生的自我评价的效应，人们对自己行为的评价调节人们表现出那些经由观察而习得的行为。人们在与他人的比较中形成了自我评价的标准，获得了自我评价的能力，自我评价的结果对自身起到强化作用。可见，无论是替代性强化还是自我强化，都需要思维的中介作用，是和认知紧密相连的[①]。他们倾向于作出感到自

① 钱云祥．班杜拉社会学习理论对现代德育的启示［J］．镇江高专学报，2004（3）：88-90.

我满足的反应，拒绝作出自己不赞成的行为[①]。

2.2.6.3 观察学习的过程

班杜拉认为，观察学习是受注意、保持、动作再现及动机等心理过程支配的，因此，观察学习的过程分为注意过程、保持过程、运动再现过程和动机过程四个过程。实际上，这四个过程内含两个大的过程，即获得过程和操作过程。

（1）注意过程。注意过程是观察学习的起点，是榜样教育的基础。因为人们置身于大量的示范影响之中，到底观察什么、知觉什么、提取什么，都是在注意过程中完成的。选择性注意在观察学习中起着关键性作用，它决定了在大量的示范事件面前学生观察什么、学习什么、最后形成何种品行。制约注意过程的因素包括观察对象（示范刺激本身）的特征、观察者的特征以及观察者的人际关系结构特征（偶联模式）。

观察对象的特征是影响学生选择性注意的一个重要方面。研究结果表明，除了榜样呈现的性质、重要特征是否明显、行为模式是否具有一定特色等，榜样在以下三个方面的特点会显著影响示范行为的获得效果。一是相似性。榜样如果在年龄、性别、需要、兴趣、价值观等方面与学习者相仿或接近，学习者更容易获得榜样行为，就自然产生模仿的倾向。二是能力水平。榜样的能力水平与学习者相仿或稍高，有利于激发学习者的学习动机，榜样的能力水平偏低会对学习者失去吸引力，过高会使学习者感到无法企及而丧失信心。三是声誉和地位。具有良好声誉和社会地位的榜样

① 施良方．学习论：学习心理学的理论与原理［M］．北京：人民教育出版社，1994：389.

易于成为人们模仿的对象，不过，当学习者与榜样之间的差距过于悬殊，也不利于行为的获得[①]。

因此，教育者必须净化学生周围的环境，为学生正确价值观的形成提供良好的外部环境。在正面影响中，主要涉及榜样人物对学生的积极影响。由于教师的特殊地位和身份，榜样人物中教师往往具有重要的影响，因此教师首先要为学生树立良好的榜样，克服教育现实中的重“说教”轻“身教”的现象；榜样也来自学生同伴、家长和周围其他人。但不管是哪类榜样，都应提高榜样对学生的正面影响效果。教师在提供榜样时，必须注意做到：提供的榜样是可信、可亲和可敬的。因为只有可信，才具有真实性，贴近生活，产生共鸣；只有可亲，才具有感染力，激发起学生的积极情感；只有可敬，才具有权威性。

观察者的自身特点也会影响选择性注意。观察者的内在兴趣和需要、知识经验、认知能力、信息加工能力、已经形成的知觉定势和期待等，都会影响观察者的选择性注意，说明认知对行为影响很大[②]。因此，教师在教育过程中，要注重加强对学生认知能力的培养，为促使儿童由他律朝着自律方向发展创造条件。

选择性心理帮助人们加深对大众传播效果产生过程及机制的认识，将人们的“个人差异”具体化为他们所具有的各种不同的预存立场，并在此基础上提出，受众会根据自身的预存立场来选择性地注意、理解和

① 伍新春，胡佩诚 . 行为矫正 [M] . 北京：高等教育出版社，2005.

② 桑新民 . 跨世纪基础教育课程改革目标模式的理论思考 [J] . 课程研究，1994（3）：12-15.

记忆媒介所传递的信息。事实上，人们是“理性”的。霍斯曼在交换理论中认为，人们在进行选择时，总会选择那些随着获利可能性增大，其总价值也能增大的行为。人们的行动发生的可能性等于价值与概率之乘积。因此，受众并不总是接收传播者散发的所有信息，受众对于信息具有潜意识的选择性——接收符合自己价值观和立场的，排斥不感兴趣的、有害的或不利的内容。同时，受众的文化背景、社会成员关系和性情系统也会影响其对于媒介信息的理解。因此，受众自然也会选择记忆自己感兴趣的及有利的内容[①]。

（2）保持过程。保持过程就是对榜样示范活动的保持。有些行为是靠表象形式加以记忆，以符号为媒介，通过符号的形式把瞬时的示范经验保持在记忆里；有些行为是靠词语编码加以记忆，在以后实行这种行为时起着向导作用。

班杜拉认为，观察学习主要依赖两种表征系统，即映象表征系统和语言表征系统。有些行为是以映象方式保持的，由于反复展现榜样行为，最终使观察者对榜样行为形成一种持久的、可回想起的映象。在班杜拉看来，在儿童发展的早期阶段，缺乏语言技能，视觉映象在观察学习中起着非常重要的作用[②]。

根据班杜拉的理论，在榜样教育过程中，对年龄较小、语言理解和表达能力受局限的儿童，应多用具体的榜样形象，让儿童在潜移默化中受到

---

① 张文嘉，李云哲，周岩，等．从选择性心理角度探讨民族文学的传播机制：以赫哲族“伊玛堪”为例［J］．传播力研究，2018（14）：179-180.

② 陈琦，刘儒德．当代教育心理学［M］．北京：北京师范大学出版社，1997：120.

感染和熏陶；对于已经不受语言理解和表达局限的儿童或成人，应采用多种形式的教育手段，既可以用生动直观的具体形象，也可以用概括感人的语言文字来宣传介绍榜样的事迹。现在的榜样形象有很多，各行各业都有许多杰出人士，对于观察者来说，是眼花缭乱，观察者很难记住这么多的榜样。根据班杜拉的言语编码理论，可以让观察者多用自己的话复述榜样的事迹，如班级里经常组织主题班会活动，让学生对榜样行为进行讨论，谈谈自己对榜样的认识等，这样可以促使榜样的行为在观察者的脑海里以言语符号的形式储存，更有利于长时间地保持与利用。

（3）运动再现过程。除了符号编码以外，演习也可作为一个重要的记忆支柱，这种演习当然包括真实的演习和心理演习。在需要表现出模仿学习的行为时，能将脑海里以印象和言语形态保存的表象转变为合适的行动的过程，也就是行为的实行过程。动作再现过程是观察学习的中心环节，它关系到观察者能否将观察到的榜样行为成功地转换成自己的行为。班杜拉把这种行为的实行，分解为反应的认知组合、反应的最初表现、对反应的监控、依据信息反馈进行的精心练习等环节。反应的结果必须通过思维的中介影响才能改变行为。他认为，人们对榜样的模仿过程是用一种内含的认知过程来说明的。他说：“短时的知觉现象会产生很持久的、可以恢复的关于榜样的行为结果的想象，那些想象的恢复就作为相应的行为的指示者。”

动作再现受多种因素影响，其中最主要的是观察者的能力水平和观察者对自己行为后果的预期。“观念在第一次转化为行为时很少是正确无误的”“符号表象与实际行动之间的脱节会作为正确行动的线索”。不断调节观察者的行为，在信息反馈和自我矫正的基础上使行为逐渐走向完善。一个人可能充分注意到榜样行为，并把它编码后保存在记忆里，但如果没有适当的动作能力，就不可能再现这种行为；当社会上的榜样因付出而能得到相应的回报时、当英雄不再流血又流泪时、当榜样回馈机制日益完善时，相信会有更多的人能够再现已经学会的榜样行为。在榜样教育过程中，教育者一方面应考虑学习者的心理和行为能力，给不同年龄的个体提供适合其学习的榜样。另一方面应及时强化学习者的适当行为，当学习者表现出榜样行为或与榜样行为接近的行为之后，应及时给予强化，强化既可以是直接的，也可以是间接的；既可以是物质的，也可以是精神的。

（4）动机过程。动机过程贯穿观察学习的全过程，人们在注意过程中提取什么、在记忆中保持什么，以及获得的行为是否表现出来都与动机有关。只有当学生有了足够的动机激励作用时，处于潜伏下的观察学习才能迅速转化为行动，内在动机在行为获得和表现之间起着重要的桥梁作用。动机和强化是紧密相连的，如果示范行为产生有价值的结果，就会增强观察者产生同样行为的倾向；如果示范行为导致惩罚或无报偿的结果，就会抑制或削弱观察者发生这种行为的倾向。直接性强化、替代性强化和自我强化，对由观察而学会的行为的表现都具有动机作用的功能。

模仿学习的动机会影响对榜样行为的注意和选择，强化会影响模仿的表现。根据模仿者在模仿过程中是否具有主动、自觉意识的加入，模仿可分为自然模仿与有意模仿两类。自然模仿是对他人的思想、行为等自然而然地模仿过程，而有意模仿则是对他人的有意仿效。有意模仿又分为非合理模仿与合理模仿两种。非合理模仿是指那些只对行为的表面进行刻意模仿而不理解模仿的意义，部分青少年对偶像明星的盲目崇拜即属于此类，人不但会情迷于偶像人物的外部形象而不能自拔，也很容易做出种种超越社会规范的行为；合理模仿则是出于对模仿对象的深刻理解以及模仿者的理性思考，值得在青少年偶像崇拜中大力提倡。

2.2.6.4 观察学习的特征及其价值

观察学习具有三个重要特征：不依赖直接强化；不一定具有外显反应；包含重要的认知过程。观察学习的价值可归结为如下三点。

第一，可以通过对他人的行为及其结果的观察实现依据直接经验的所有学习，因此，在教育过程中，榜样的示范作用是不可忽视的。

第二，人们通过观察学习，可以迅速掌握大量整合的行为模式。

第三，观察学习既可以缩短习得过程，又可以避免由于直接尝试的失败带来的重大损失或危害。

总之，社会学习理论强调榜样的自主性模仿与学习对偶像崇拜的推动作用，而榜样偶像化则是青少年偶像崇拜的真谛。

3　国内外关于明星崇拜的研究

3.1　国外关于明星崇拜的研究

3.1.1　相关概念的界定

偶像是人类自我意识的产物，是伴随着意识觉醒和认知发展出现的观念形态，体现了人类对自我和环境的理解和体验，并影响和制约着人类的情感、意志和行为。崇拜源于先民对自然的敬畏与恐惧。偶像是人类精神信仰的象征，偶像的嬗变现象折射出时代精神风貌的演变[①]。在古人眼中的“偶像”带有强烈的宗教迷信色彩，更加强调某种精神价值的张扬、教化，寄托着人类最虔诚的祈祷和愿望。

最早对崇拜进行研究的是法国著名社会学家涂尔干，他在《宗教生活的基本形式》一书中详细地阐述了崇拜，只不过他所研究的崇拜类型主

① 刘娟．文化社会学视域下的偶像嬗变现象研究［D］．湘潭：湘潭大学，2014.

要是图腾崇拜、宗教崇拜，这也是人类最原始的崇拜形式[①]。偶像崇拜是在图腾崇拜、神灵崇拜心理基础上发展起来的，是伴随人类意识觉醒和认知发展出现的一种心理反应形式，影响和制约着人类的情感、意志和行为[②③]。黑格尔在阐述崇拜时说，崇拜的过程是自我人格放弃的过程。在崇拜中，现实的自我被神抹杀了，劳动者为了使神对自己有好感，把自己看成是依附于神的[④]。

随着科学技术发展和人类整体认识水平的提高，人类逐渐将崇拜的对象转向世俗化，崇拜一些生活中较有成就的人，从而使偶像崇拜的内涵发生了变化，呈现出对现实生活中杰出人物的崇拜，也可称作精英崇拜[⑤]。

崇拜心理始于原始社会人们对不可控制的、强大的自然力量的畏惧，图腾崇拜就是最原始的偶像崇拜，经历了从图腾到天地神灵再到帝王崇拜的过程，属于宗教学内容[⑥]。随着人格化神的出现，偶像崇拜心理发生了质的变化。偶像崇拜越来越成为人们对个体和环境的理解和体验，并影响和制约着人类的情感、意志与行为[⑦]。进入文明社会，心理学家也提出了他们对偶像崇拜内涵的理解。美国心理学家弗洛伊德认为，偶像崇拜是青

---

① 爱弥尔·涂尔干. 宗教生活的基本形式［M］. 北京：商务印书馆，2011.

② 沙莲香 . 社会心理学［M］. 北京：中国人民大学出版社，2002.

③ 乐国安 . 社会心理学［M］.2 版 . 天津：南开大学出版社，1995.

④ 黑格尔 · 精神现象学：卷 2［M］. 贺麟，王玖兴，译 . 北京：商务印书馆，1979.

⑤ 祥贵 . 崇拜心理学［M］. 北京：大众文艺出版社，2001.

⑥ 岳晓东，严飞 . 青少年偶像崇拜系列综述：之 3：偶像崇拜的代际差异［J］. 青年研究，2007（5）：1-8.

⑦ 岳晓东 . 我是你的粉丝：透视青少年偶像崇拜［M］. 上海：上海人民出版社，2007.

少年性发展的标准方向，因为青少年的欲望不能只指向父母及同辈人，也需要指向偶像这类较远的人①。瑞士心理学家弗洛姆认为，偶像崇拜是一种对幻想中杰出人物的依恋，这种幻想常被过分地强化或理想化②。美国心理学家埃里克森则认为，偶像崇拜是个体将儿童时期对父母的养育式依恋转移到对生命中重要人物的认同式依恋之表现，如青少年时期对异性的浪漫式依恋③。偶像崇拜是“特定个体或群体对自我认同的形象化的人格符号所表现出来的极度钦佩、尊敬、欣赏、喜欢、向往等心理和情感以及由此引发出来的种种行为表现。”④也有人认为，偶像崇拜至少包含了对崇拜对象的心理认同、行为模仿和情感依恋三个要素⑤。

3.1.2 明星崇拜的研究现状

3.1.2.1 明星崇拜的对象

Schlenke，Weigold 和 Schlenke 通过调查发现，大学生所钦佩的榜样包括家庭成员（46.2%，尤其是父母）、朋友、体育明星和宗教人物等⑥。

---

① SIGMUN D F.Three contributions to the sexual theory.［M］.New York：The Journal of Nervous and Mental Disease Publishing Company,1910.

② FROMM A.The ability to love［M］. NewYork：Farrar，Straus，and Girous，1967.

③ ERIKSON E. Identity：youth and crisis［M］.New York：Norton and Company，1968：112-120.

④ 何小忠. 青少年偶像崇拜与教育［D］. 苏州：苏州大学，2005.

⑤ 岳晓东. 青少年偶像崇拜与榜样学习的异同分析［J］. 青年研究，1999（7）：1-9.

⑥ 陈世民，吴宝沛，方杰等. 钦佩感：一种见贤思齐的积极情绪[J]. 心理科学进展，2011(11)：1667-1674.

3.1.2.2 偶像崇拜的外因

（1）偶像的品质是偶像崇拜的重要内容。对偶像的品质进行编码，最终形成三大类：第一大类是榜样品质，包括坚持原则、诚实、公正、善良、宽容、有宗教信仰；第二大类是能力与职业成就，包括智力、社交能力、领导力、职业成功；第三大类是积极态度，包括乐观和坚毅。

（2）偶像或榜样的年龄、受教育程度、收入等。一般认为，随着年龄的增长，人的经验智慧、物质财富、社会地位等在不断变化，人们的钦佩感也在增加；反过来说，对于一个年轻人，在职业上获得成功的人只是凤毛麟角，因此，年轻人取得成功时，人们对其钦佩感更强。同样的道理，种族、性别、身体残疾、贫困等障碍也会影响人们的钦佩感，因此，克服障碍并取得成功的人也会获得他人更强的钦佩感。

国外对偶像崇拜的研究，取得最突出成就的当属社会学家伊曼奴。他经过调查发现，影星占据了美国偶像崇拜对象的主要位置。他根据美国年轻人偶像崇拜的不同原因，建立了两种美国年轻人的偶像崇拜类型，即浪漫式依恋和认同式依恋①。瑟巴尔德（Sebald）对青少年偶像崇拜行为进行了多角度、深层次的解释，他把偶像崇拜行为归纳为浪漫主义、性与盲目崇拜、狂喜、认同几个方面②。弗洛姆认为，偶像崇拜是一种对幻想中杰

---

① EMMANUEL L. Social attribute of American movie stars journal of media［J］. Culture and society，1990，12（2）：247-267.

② HANS S. Adolescents shifting orientation toward parents and peers：a curvilinear trend over recent decades［J］. Journal of marriage and the family，1986，48（1）：5-13.

出人物的依恋，这种幻想常被过分强化或理想化[①]。弗洛姆针对偶像崇拜的观点和伊曼奴浪漫式依恋的观点是一致的。

（3）时代背景和文化因素也是影响钦佩感产生的重要外因。随着时代的变化，父辈与青少年的生活及其未来差异越来越大，父辈难以为青少年提供有效的借鉴，因此青少年更多地选择有经验的同辈作为榜样。墨西哥是世界上创业率最高的国家之一，大约25%的墨西哥劳动者是自主创业，而美国自由创业者大约是占11%。调查两国的大学生所钦佩的榜样，结果表明，墨西哥大学生选择企业家的比率显著高于美国大学生[②]。

3.1.2.3 偶像崇拜的功能

关于偶像崇拜功能的研究，取得突出成就的是社会学习理论的创始人班杜拉。他认为，偶像崇拜既包括对偶像的行为的学习，也包括对自我的思考，大部分的人类行为是通过对偶像的观察而习得的，这也可以说是偶像崇拜的社会化功能。

综上所述，欧美的社会学家和心理学家对偶像崇拜的研究，主要体现在概念的确定和偶像崇拜的原因探索等定性层面。

3.1.3 国外高校体育明星的塑造路径

在国外，体育明星是青少年崇拜的偶像之一。目前国外高校体育明星

---

① FROMM A. The ability to love [M] . New York：Farrar，Straus，and Girous，1967.

② AUKEN H V，STEPHENS P，FRY F L，et al. Role model influences on entrepreneurial intentions：a comparison between USA and Mexico [J] . International entrepreneurship and management journal，2006（23）：325-336.

培养模式广泛，以美国为代表的市场主导型向小政府大市场和大政府小市场型拓展，从单一化向多极化培养机制发展。对发达国家高校体育明星教学、培养、管理路径进行梳理，将对我国培养体育明星、塑造崇拜的偶像具有重要的指导意义。

3.1.3.1 市场主导型

所谓市场主导型，指高校体育明星塑造中以市场调节为导向，以高校为主体的培养模式，以美国为代表。

美国拥有十分完善的竞技体育人才培养体系，其最显著的特点是整个国家的竞技体育体制以学校为中心①。高校已经成为美国培养高水平运动员的基地；同时，拥有世界上最典型的市场化管理模式，而且有非常成熟的法律法规，国家政府不参与管理，由非营利性的社会团体——美国大学生体育联合会（National Collegiate Athletic Association，简称NCAA）管理。该机构负责大学生运动员的全部事宜，包括招收学员、管理大学生运动员、校内外资金支持、科研团队、媒体传播等，NCAA的管理体制非常完善，是美国竞技体育广泛推广所不可缺少的一个重要组成部分。

3.1.3.2 小政府—大市场型

所谓小政府—大市场型，指高校体育明星塑造中以市场调节为导向，以高校为主体的培养模式，以澳大利亚、德国、英国为代表。

---

① 兰馨．美国高校竞技体育发展模式及运行机制的研究［J］．体育文化导刊，2006（7）：70-72.

澳大利亚在20世纪80年代制订了“精英计划”，全国有9所Sport院校承担“精英计划”的任务。澳大利亚Sport学院（The Australian Institute of Sport，简称 AIS）设在首都堪培拉，澳大利亚的竞技体育多数投入到Sport学院或者其他AIS分院。Sport学院拥有非常完善的培养组织机构，包括竞技运动管理、运动科学中心、精英运动员管理、总教练团；德国、英国主要以俱乐部为载体、学校为基础，形成的体育后备人才培养体系给这些高水平运动员提供了更好的学习、训练和生活环境。全德高校体育协会推出了“竞技体育伙伴高校”的计划，加入这一计划的学校有义务为高水平运动员制定更灵活的学制，以保证他们更好地处理学习与训练的关系。

3.1.3.3 大政府—小市场型

所谓大政府—小市场型，指高校体育明星塑造中以政府调节为导向，以高校为主体的培养模式，以法国和日本为代表。

2004年法国政府成立了“青体部”（青年体育部和民间组织），政府每年投入大量的财力，用于高水平运动员的培养（27%）、运动员保障体系（18%）、体育场馆建设与维护（48%）、行政（7%）。法国对此建立了运动项目评估体系，对评定的结果给予不同额度的经费投入，并对人事进行改革，大胆启用专业人士（优秀运动员、教练员）作为部门的官员。20世纪80年代，日本竞技体育处于一蹶不振的状态。经过不断改进，如设立了文部省、制订了《体育振兴基本计划》，在近3届奥运会上，成绩得到很大改善，排名不断提升，并在柔道、摔跤、田径等项目有所突破。日本在认识方面、组织方面都作出了改变，对竞技体育和大众体育产生直接影响。法国和日本均采用被称为“结合型偏重政府”的培养机制，即政府为主导、社会市场参与[①]。

3.2 国内关于明星崇拜的研究

3.2.1 相关概念的界定

3.2.1.1 偶像

“偶像”（idol）一词由古而来，在中国的古代典籍中，“偶，桐人也。”“偶，又俑也，像也。木像曰木偶，土像为土偶”。我国自古就有偶像，偶像亦称为偶人，有土偶和木偶之分，多是木刻、泥塑或陶制[②]。偶像很普遍，且多用于墓葬，这些偶像在人们心目中并无多大分量。在《现代汉语词典》（第7版）中，偶像被解释为“用木头、泥土等雕塑的供迷信的人敬奉的人像，比喻崇拜的对象。”《新华词典》对偶像有两种释义：一种是为人所崇拜、供奉的雕塑品，比喻人心目中具有某种神秘力量的象征物；另一种是不加批判而盲目加以崇拜的对象，特指一种传统的信仰或理想。可见，偶像既有物质性，也有精神性，具有不可分割的对立统一性。物质性是说它以物化、现象或者形式客观存在过；精神性是指在其存在状态以及广延之后被赋予某种神秘的力量，以至令其他个体产生信仰及崇拜，并不断被赋予新的含义。

---

① 李祥虎．中国高校体育明星塑造路径研究［D］．长春：吉林大学，2016.

② 岳晓东．我是你的粉丝：透视青少年偶像崇拜［M］．上海：上海人民出版社，2007.

对偶像的供奉与崇拜似乎起源于人类产生思想意识之后，与对神秘力量的恐惧和膜拜及对神话、英雄人物的推崇有关。从远古时期的图腾、神话人物到对祖先、圣人、英雄人物等的崇敬，偶像在人类历史上一直以量变的形式存在着，并在某个时刻偶尔发生质变。古今词义并没有实质性的改变，只不过远古的偶像是拟人化了的神，而今的偶像是拟神化了的人①。

宗教偶像以神像、佛像等为载体；狭义的偶像是现代明星，主要指影视明星、体育明星、媒体名人等；杰出人物偶像是社会学习的榜样，包括英雄、成功人士、杰出青年、劳动模范等；虚拟偶像是以小说、影视剧、游戏等建构的主角；平凡人物偶像是指父母、师友、同学、同伴等。

（1）偶像嬗变的语境。偶像是人类社会永恒的存在，但正如“时势造英雄”，偶像类型却随着时代语境的变迁而演变。偶像自诞生之初，出现了远古时期的自然偶像、图腾偶像、神灵偶像、传统的英雄偶像以及现代的明星偶像、平民偶像等各种形态的嬗变现象，偶像嬗变的直接原因是从神性崇拜到人性崇拜的崇拜心理变迁。

偶像崇拜是人类的主观精神信仰活动，普遍存在于人类社会生活中，并经历了漫长的演化过程。崇拜心理的变迁根源在于人类群体进化的冲动，即不断寻找自我和寻求自我超越的欲望，这是人类对无限性的追求。然而，人类在追逐文明的过程中，也要满足基本的需要，这是人类基于对有限性的适应，也是趋利避害本性的体现。于是，人类有限的基本需要与无限的

① 偶像崇拜［EB/OL］.［2020-10-20］https：//baike.so.com/doc/1543488-1631703. html.

进化冲动共同催生了崇拜心理的演化，并直接导致偶像类型的嬗变。亚伯拉罕·哈罗德·马斯洛（Abraham Harold Maslow）阐述的人的基本需要理论（need-hierarchy theory）按照层次依次递升的生理的需要、安全的需要、归属与爱的需要、尊重的需要及自我实现的需要（如图 3-1 所示）。

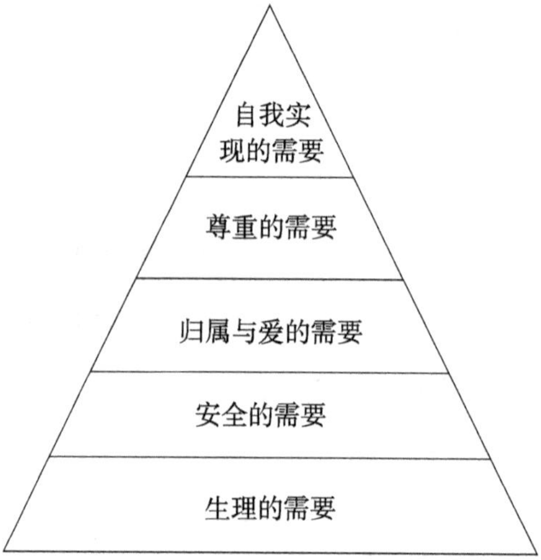

图 3-1　马斯洛的需要层次理论

崇拜心理随着人类文明的演进与人的基本需要的发展而变迁，并直接呈现为偶像类型的演变。

原始文明时期的自然崇拜是人类最原始的崇拜意识，其崇拜对象是完全陌生且具有无限威慑力的大自然。正如马克思所言："自然界起初是作为一种完全异己的、有无限威力的和不可制服的力量与人们对立的，人们同它的关系完全像动物同它的关系一样，人们就像牲畜一样服从它的权力。"[①] 由于生产能力和认识能力极低，原始人类对于完全陌生的、深不

① 马克思，恩格斯．马克思恩格斯全集：第 3 卷［M］．北京：人民出版社，2008：56-57.

可测的、具有无限威慑力的自然力量普遍存在一种崇拜、恐惧和依附心理，人的自我意识完全被强大而暴力的自然封锁。

自然崇拜发展到成熟阶段就转化为图腾崇拜，图腾崇拜是人类为了维系种族繁衍而发展起来的一种崇拜心理，是原始人类在自我意识形成过程中开始从自身角度出发来理解外部环境的一种体现，形成了“万物有灵”观念。图腾崇拜是神灵崇拜的不成熟形态。农业文明时期，即“天人和谐”时期，人类开始懂得在尊重自然规律的前提下，利用自然资源改善生存境况。对人类而言，大自然不再是完全异己和不可知的力量，其神秘性的祛除和威慑力的下降使其不再是主宰人类的偶像，人类在认识和征服自然的过程中，发现了自我，但自我的力量依然十分薄弱，于是寄希望于一种超乎于人的外界力量来拯救和保护人类，这时神灵崇拜就诞生了。

神灵崇拜是将图腾物进一步人化的结果，神灵是人们为了克服现世艰难困苦、争取死后进入极乐世界并祈祷来世幸福安康而幻想出来的具有神奇力量的虚幻存在，是人们安全需要的体现，同时也反映出人类思维的进一步复杂化。偶像崇拜是神灵崇拜的统一化和固定化，偶像就是神灵的造型，即神灵的直观化和固定化，并伴随着统一和固定的崇拜仪式。偶像崇拜将神灵和具有人形的偶像统一起来，反映出人类朦胧的自我力量崇拜。神灵崇拜和偶像崇拜都可以概括为宗教性的崇拜，如西方古时期对上帝、希腊诸神的崇拜，我国古代对玉帝、观音、财神的崇拜等。受生产力发展水平的限制，原始文明和农业文明时期的崇拜心理本质上体现人们对人类整体的本质力量的崇拜，属于群体崇拜心理阶段。然而，“随着人类生产力水平的不断提高，人们抵御来自大自然和人类社会的各种侵袭能力的增强，使崇拜心理逐渐显示出鲜明的特征，也只有这时，才形成了个体崇拜心理”[①]。个体崇拜心理是群体崇拜心理的一种分化，以个体生产和发展等需要为基础，是崇拜心理世俗化的体现，使偶像呈现出世俗化和多样化的特征。

作为人类精神信仰的寄托，偶像的嬗变是人类崇拜心理演变的直接结果；作为时代文化的表征，偶像的嬗变是经济、文化和传播媒介多重语境共同作用的产物。

经济的发展带动文化的发展，而文化的发展又与传播媒介的变迁密不可分。经济的发展是偶像嬗变的根本原因，消费社会的到来使传统的生产偶像走向现代的消费偶像；文化的转型是偶像嬗变的主要原因，大众文化的发展则促使现代的大众偶像取代传统的精英偶像；传播媒介的变迁是偶像嬗变的必要条件，大众媒介的兴起使现代名人偶像代替传统英雄偶像。

个体崇拜心理到工业文明的英雄崇拜时期逐渐凸显出来。工业文明时期，人成为自然的主宰，工业革命极大地解放了社会生产力，创造了极其丰富的物质财富[②]。生产力的极大提高促使人的自我意识完全觉醒，欲望极度膨胀，追求个人成就和人生价值等精神上的满足成为人们主要的奋斗目标，于是，这一时期出现了大批英雄偶像，如战斗英雄、政治领袖、科学精英、文学巨匠等，他们都是生产型偶像。生产型偶像表明人们渴望通过追求成功来获得社会的尊重和认可，满足情感和归属的需要以及尊重的需要，乃至自我实现的需要。

---

① 余理，李平，陈丽．崇拜心理学［M］．北京：华龄出版社，1997：27-28.

② 马克思，恩格斯．共产党宣言［M］．北京：人民出版社，1997：32.

到了后工业文明时期，社会物质文明和精神文明的极大丰富为人的自由全面发展提供了肥沃土壤，个体崇拜心理获得了长足的发展。娱乐时代的到来让人们开始直面真实的自我，张扬个性、追求自由和尊重多元发展成为人们的普遍要求，自我实现成为人们最迫切、最渴望的需要。

英雄崇拜是人们基于对伟大自我的崇拜，而明星偶像和平民偶像崇拜则是人们对完美自我和个性化自我崇拜的充分诠释。习近平总书记多次强调，英雄是民族最闪亮的坐标，和平年代同样需要英雄情怀，要推动全社会形成见贤思齐、崇尚英雄、争做先锋的良好氛围[①]。物质生活水平的提高和精神文明的发展，偶像崇拜呈现出多样化、个性化、世俗化和流行化的景观。现代偶像崇拜全然没有了传统偶像崇拜的神圣感、庄严感和权威感，更多的是一种轻松愉快的精神活动，乃至一种纯粹的娱乐游戏。

综上所述，偶像嬗变是人类整体追求进化的本能与人类个体满足基本需要的要求共同作用导致崇拜心理变迁的直接结果，更是社会生产力、时代文化和传播媒介等因素共同作用的产物。崇拜心理来源于客观世界，随着社会的发展，随着人们对客观世界的认识和改造的不断深化，崇拜心理也不断发生变化。人类的崇拜心理自然也有一个从低级到高级、从不科学到科学的发展历程[②]。传统偶像（工业文明时期的偶像）既是从远古偶像（原始文明和农业文明时期的偶像）发展而来，又是在特定的社会语境和文化

---

① 人民日报记者．习近平总书记在“不忘初心、牢记使命”主题教育工作会议上的重要讲话意义重大、振奋人心：筑牢信仰之基 补足精神之钙 把稳思想之舵［N］．人民日报，2019-06-02（1）．

② 余理，李平，陈丽．崇拜心理学［M］．北京：华龄出版社，1997：182.

因素中走向了现代偶像（后工业文明时期的偶像）。

（2）从生产社会到消费社会。偶像是人们理想和信仰的表达，间接反映了社会的现实生活，因而偶像的嬗变是由社会生产力的发展所决定的。三次科技革命促使社会生产力获得了惊人的发展，创造了极其丰富乃至过剩的物质财富①。人类社会已经由生产社会过渡到消费社会，消费已取代生产成为拉动社会经济发展的主要动力。一些西方发达国家大约在 20 世纪 60 年代进入到消费社会，我国大概在 20 世纪 90 年代迈入到消费社会②。由生产社会到消费社会的转型促使偶像由生产型走向消费型，偶像的转型是在社会生产力作用下人类的现实追求和价值观念不断演化的必然结果。人类的一切活动都是以生产为中心组织起来的生产社会，意味着已有生产力所生产的社会财富不足以满足人们的基本需要，追求享乐等高层次的需要只是少数富有阶层的专利。于是，创造、奉献、勤劳、勇敢的品质成为当时社会核心价值观的体现，生产领域的佼佼者更能赢得社会的广泛认可，并被树立为标杆。新中国成立后，为最大限度地集合全国人民推进社会主义建设的力量，国家推举出生产战线上的“铁人”王进喜、全心全意为人民服务的楷模雷锋、人民的好干部楷模孔繁森、英雄少年赖宁等时代偶像。

消费不仅满足了某些基本的需要，它在某种程度上成为一种义务——助推国家经济健康发展的一种途径，而且其意义超出单纯的经济领域，成

① 让·鲍德里亚．消费社会［M］．刘成富，全志钢，译．南京：南京大学出版社，2000：1.

② 周宪．视觉文化的转向［M］．北京：北京大学出版社，2008：98.

为理解和把握世界的一种方式[①]。社会的天平由生产转向消费，作为人类理想化身的偶像也就由生产偶像走向消费偶像。消费偶像是由洛文塔尔提出来的，是与生产偶像相对的概念，在1920年以前，生产偶像主要是来自工业、商业、自然科学和严肃艺术领域的成功生产者；1920年以后，人们逐渐倾向以来自非生产领域的消费偶像（如来自电影、棒球场和夜总会等纯粹娱乐的明星）为主，实现了生产偶像到消费偶像的转型。

消费社会所催生的消费文化塑造了消费偶像——作为商品和消费样板的特质。消费偶像是消费社会中一种独特的文化角色，呈现在公众面前的往往是其消费行为和生活方式。广告把成功的娱乐界人士及其体面优雅的生活方式与特定商品相联结，进而传达出某种特定的消费意识形态和享乐主义，激发了公众追求消费品及隐含在其后的生活方式和价值观的冲动[②]。消费偶像除了给大众带来娱乐之外，将消费意识形态通过美的姿态转嫁给大众，消费由此变成一种快乐工业的意识形态，刺激起大众持续的消费追求，以获得源源不断的商业利润。消费偶像既是供人们消费的商品，又是商业逻辑和大众传媒所创造出来的引领时尚和消费的符号，通过在电影、电视剧、广告和各种综艺活动等场合展示自己的生活理念和消费方式，成为人们享受快乐人生和消费资源的样板，而人们在崇拜和模仿偶像的过程中，不自觉地认同了附加在偶像身上的由商业逻辑“推销”出来的消费

① 马泰·卡林内斯库．现代性的五副面孔［M］．顾爱彬，李瑞华，译．南京：译林出版社，2002：264.

② 周宪．视觉文化的转向［M］．北京：北京大学出版社，2008：116-118.

理念[①]。消费已是一种公开性的展示活动，即“炫耀性消费”[②]。备受社会追捧的消费偶像事实上是在商业逻辑原则下批量生产出来的，明星是消费偶像的范例[③]。

消费取代生产，成为社会生活的中心和拉动经济发展的主要动力。在这种社会转型语境之下，作为文化表征的偶像也必然从生产型走向消费型。偶像是社会理想的化身，在消费社会，人们追求美的人生体验，当人们的普遍追求从集体事业过渡到个人生活层面，他们的偶像也必然从崇高事业的创造者演变为完美个体的展现者，也就是从集体榜样转变为消费样板。偶像是社会现实的产物，消费社会以消费体验为中心，消费偶像主要来自消费领域的明星；消费社会的商业逻辑同时渗透到偶像的塑造过程中，消费偶像则是商业流水线上批量生产出来的特殊商品。然而为消费目的而生产出来的消费偶像的“寿命”往往比较短，能够“各领风骚数年”就算是幸运儿了。红极一时的小虎队如今几乎被大众所遗忘，曾经以周迅为代表的四小花旦在短短几年后就被以杨幂为代表的新生代四小花旦盖过势头，而近年来在选秀节目中迅速走红的偶像除了李宇春、张靓颖等如今还活跃在娱乐圈，其他绝大部分的“超女”在比赛结束后就淡出了大众视线。偶像文化的快餐化反映了当代文化的危机，昔日韦伯那句预言似乎离我们越来越近：“专家们失却了灵魂，纵情声色者丢

① 杨向荣，王园波．灵魂溃败与文化归家：当代中国文化发展困境的反思[J]．湘潭大学学报，2012（5）：76-80.

② 凡勃伦．有闲阶级论［M］．蔡受百，译．北京：商务印书馆，1964：61.

③ R. 科尔多瓦．明星制的起源［J］．肖模，译．世界电影，1995（2）：60-80.

掉了心肝；而这种空壳人还浮想着自己已经达到了一种史无前例的文明高度。”①

（3）从精英文化到大众文化。经济发展引起文化转型，作为一种文化现象，偶像必然随着文化的转型而嬗变。大众文化是在消费社会语境下借助大众媒介的力量而蓬勃发展起来的，在与精英文化博弈过程中，经历了一个由被批判到被肯定的过程。文化从精英的、高雅的、伟大的、严肃的和经典的等语境中被解放出来，与民众的日常生活发生深刻联系，是一种深入到普通大众日常生活中具有高度参与性的文化，即大众文化（popular culture）。到了20世纪90年代，国内外的大众文化逐渐获得了一种独立性的地位。从精英文化到大众文化的转型造就了精英偶像向大众偶像的嬗变。

文化是意识形态作用下的产物，而偶像则是文化的典型表征，折射了一个时代的整体文化风貌。长期以来，代表社会主流价值的上层阶级掌握着文化的生产权和阐释权，并受到统治阶级的庇护，他们是社会的精英，是文化场域中的发言人，对文明的发展和文化的建构具有深远的影响。这种由精英阶层所生产出来的精英文化是理性作用下的产物，渗透着国家意识形态，具有社会正统地位，符合统一的价值标准，是探寻真、善、美的高雅文化，具有人性的价值、人生的终极关怀、历史的意义以及批判的功能等内涵。因而，在这种精英主义文化下成长起来的偶像往往是精英文化的理想化身，具有价值理想、终极关怀、人文关照、形而上超越等精神内涵。这种属于少数人的文化因其高深莫测的意旨和神圣而伟大的使命与普通

---

① 马克斯·韦伯．新教伦理与资本主义精神［M］．马奇炎，陈婧，译．北京：北京大学出版社，2012：184.

大众拉开了距离，普通大众对这种高不可攀的文化只能是陌生地仰视、无可奈何地被迫接受。所以，传统的精英偶像往往因其天赋、成就和道德情操而具有神圣、伟大的光环，是人类社会中的凤毛麟角，且对普通大众拥有不同程度的支配性力量。科学技术的发展不仅造就了丰富的物质财富，同时也带来了文化的解放。极大提高的生产力把普通大众从高强度的劳动中解放出来，他们才拥有从事学习的闲暇时间；物质生活水平的提高为人们在教育上进行投资提供了条件；文化教育事业的发展和报纸、广播、电视及网络等大众媒体的兴起使文化信息成为一种共享资源；消费文化的解禁、教育的普及和大众自我意识的觉醒，使大众成为文化生产者和消费者的主力军，大众文化作为一种文化产业、流行文化和通俗文化，搭乘市场经济和大众传媒的顺风车而迅速发展壮大，生产出了名目繁多、数量可观的大众偶像，形成对精英偶像的解构性和排挤性的巨大力量，精英偶像在大众文化时代被大众偶像的奇观所遮蔽。

具体而言，大众偶像是消费市场、大众传媒和民主化因素共同作用的产物，原因在于这三个条件最大限度地取消了阶层之间的界限，营造了一种全民参与的大众文化。消费市场是向全民开放的，是大众偶像兴起的经济条件，同时也是最根本的条件。一方面，消费市场将偶像转变为娱乐消费事件。另一方面，消费市场也为大众偶像提供了广阔的消费前景，大众偶像也就成为大众趣味和商业法则合成的批量化产品，这也就是大众偶像主要来自娱乐行业的原因。大众传媒形成信息一体化的传播网络，为大众偶像的兴起提供了平台支撑，如电视、电脑、手机等传播媒介的普及为普通人的成名提供了良好的平台，也为大众塑造自己的偶像提供了平台。随着传媒技术的发展和普及，偶像的特质越来越接近普通大众，而且成名的速度越来越快，被替代的速度也越来越快。社会民主程度的进步赋予普通大众更多的自由和权利，特别是言论自由和展示自我的权利，使文化的多元化发展成为可能，也使社会的包容度越来越高，从而在政治和文化上保证了大众偶像的合理性存在。如果说传统的明星偶像是经纪公司、传媒公司迎合大众趣味而生产出来的，是明星娱乐大众的时代，那么真人秀时代的大众偶像则是大众直接塑造出来的，标志着全民娱乐时代的到来。“超级女声”之所以取得巨大的成功，不仅在于它以发达的消费市场和传媒技术作为依托，而且在于它以大众为中心，从大众中挖掘偶像，让大众来决定偶像的去留。零门槛的参赛条件（只要是女性）为大众提供了一个展示自己的舞台，“想唱就唱”唱出了大众渴望展示自我和成为偶像的心声，场内的大众评审和场外的大众投票让普通大众享有偶像的最终评审权。人们不再刻意从大众偶像身上寻找真善美的特质，而是更多从大众偶像身上寻找自己的影子，偶像从关注社会整体命运的精英偶像转变为关注当前个体快乐生活的大众偶像。

大众偶像具有反叛性、解构性和亲民性，在饱受争议中攫取了精英偶像的主导地位。作为文化表征的传统精英偶像被时代所冷落，大众所创造出来的偶像无疑成为大众文化时代新的偶像类型。在市场体制和大众传媒通力合作之下，作为大众文化重要标杆的大众偶像借助大众的广泛参与而创造出来，供大众娱乐消遣，成为抵抗传统和权威、展示自我和确证自我的代言人。在“大众偶像胜利”年代，大众塑造并消费自己的偶像，任何人都可以成为偶像。大众文化是一种娱乐型的文化，它以娱乐大众并刺激大众消费的方式为手段，以赚取丰厚的利润为目的。大众文化也是一种视觉文化，视像化、直白化和追求震惊是其特点，目的是制造一种大众狂欢的文化盛宴。由商业市场和媒体所制造的大众偶像，从影视歌星、体育明星、学术明星到平民偶像，无一不是消费和娱乐的代言人。大众偶像不再是人们寻求精神动力的源泉，更多代表了人们一种物质享乐诉求，是娱乐和消费的对象，也以其浅薄的精神内涵满足大众寻找认同和确证自我的渴望。

（4）从印刷媒介到电子媒介。文化的发展是与传播媒介的变迁密不可分的，传播媒介经历了口传媒介—印刷媒介—电子媒介三个阶段。口传媒介，即人们依赖面对面的交流，通过口耳相传传播文化，是一种以有声语言为主的传播方式，具有在场性、实时性和不可重复性，并且受到时空的严格限制，因而在传播过程中，文化总是被不断地创造。口传媒介塑造了一种集体参与的文化，但这种交流完全依赖特定的情境，并且具有易逝性和不可记录性，因而没有一定的衡量标准，完全依靠人们的记忆、想象和创造，于是形成了口传文化的仪式性、神秘性和集体性的特征，神话和传说是其代表性的文化类型。

随着印刷术的发明和广泛应用，人类进入印刷媒介时代。印刷媒介文化是一种以文字符号为主的文化，交流形式具有不在场性、延时性和可重复性，而且不再受时空的严格限制。文字作为抽象的符号，孕育出一种抽象和理性的文化，哲学、散文和小说是这一时期典型的文学体裁。少数文化精英掌握文化的生产权和阐释权，普通大众在文化交流中主要是扮演接受者的角色。由于以抽象的文字为媒介，人们的阅读依赖一定的文化基础和全神贯注的理性思考。

现代通信技术的发展使人类文明进入电子媒介文化时代，广播、电影、电视和互联网成为文化交流的主要媒体，它集文字、声音和图像于一体，形成了以视听为主的多感官共同参与的多媒体文化。电子媒介的传播具有在场的不在场性、即时性、视觉性和可复制性，这种以视觉为主的文化已经完全突破了时空的界限，能够在同一时间将即时发生的事件迅速传播到世界各地，且可视性与通俗易懂的特点使其能够很容易地被普通大众所接受。电子媒介对于文化的深刻塑造作用体现在媒体文化的崛起，使人们生活在一个由媒体主宰的休闲和文化的世界里。因而，媒体文化是当代社会文化的主导性形式与场所[①]。

传播媒介是偶像生成的载体，传播媒介的变迁必然引起偶像的嬗变，媒介的变迁必然会影响偶像文化的景观。不同的媒介阶段拥有不同的文化类型，而不同的文化类型与作为文化典型表征的偶像形态相对应。

表 3-1　传播媒介的变迁与偶像的变迁

时期	崇拜的偶像
口传媒介时代	希腊诸神、女娲、后羿等
印刷媒介时代	英雄偶像，如拿破仑、华盛顿、爱因斯坦、马克思、孙中山和鲁迅等
电子媒介时代	名人偶像，自我崇拜

由印刷媒介到电子媒介的变迁建构了从英雄偶像到名人偶像嬗变的景观。波斯特认为："印刷文化有助于培育理性的、中心化的主体，而到了

① 道格拉斯·凯尔纳．媒体文化：介于现代与后现代之间的文化研究、认同性与政治［M］．丁宁，译．北京：商务印书馆，2004：61.

电子媒介阶段，主体则倾向去中心化、分散化和多元化”[①]。也就是说，印刷媒介偏爱可读性的、有深度的文化，因而是一种理性的文化，崇尚理性便是印刷文化时代人们的普遍思维特征和精神信仰。电子媒介偏爱视听性的、浅显易懂的和大众化的内容，是一种偏于感性的视觉文化，崇尚娱乐和消费是电子文化时代人们的共同追求。图像具有消解神圣、深度和虔诚的作用，英雄偶像在视像化的电子媒介时代难以找到自己的栖身之所；相反，名人则是电子媒体的特有产物。媒介与名人是一种合谋共生的关系，媒体通过不断推出新的名人来保障其商业收入，名人则想尽办法争取在媒体上曝光的机会和时间来保证自己的名气。用“铁打的媒体，流水的偶像”来形容媒体与名人偶像之间的关系是再贴切不过了。名人偶像是媒体制造出来的“人类伪事件”。“伪事件”是布尔廷斯在《形象——美国伪事件指南》中提出的，即被新闻媒体制造和操控的事件。而鲍德里亚阐释为，伪事件“不是产自一种变化的、矛盾的、真实经历的事件、历史、文化、思想，而是产自编码规则要素及媒介技术播作的赝象”[②]。

名人偶像的实质不过是大众传媒遵循市场逻辑而精心生产出来的“人类伪事件”，明星则是名人的典范。布尔廷斯如此说道：“两个世纪前，一个伟人出现时，人们会在他身上探求上帝的意图；而今天我们寻找他的媒体经纪人。”[③]每一个名人偶像背后都有一个专业化的团队，

---

① 周宪. 视觉文化的转向［M］. 北京：北京大学出版社，2008：186.

② 让·鲍德里亚. 消费社会［M］. 刘成富，全志钢，译. 南京：南京大学出版社，2000：134.

③ 丹尼尔·J. 布尔廷斯. 从英雄到名人：人类伪事件［J］. 黄承英，译. 文学与文化，2013(1)：57-74.

他们包括星探、经纪人、助理、化妆师、造型师、服装设计师、配音师、作曲家和作词家等专业化人才，也包括娱乐公司和传媒公司，他们从形象气质、言谈举止和银幕表演对名人偶像进行全方位的包装。名人偶像是媒体文化独有的产物，是由大众媒介呈现出的一种虚幻的形象。

当偶像的传播媒介由印刷媒介演化为电子媒介，偶像也就由英雄偶像走向了名人偶像。大众传媒造就了名人偶像的辉煌，却也将其推向舆论的风口浪尖。人们处在一个“没有英雄的时代”“一个英雄气短而名人得志的时代”，同时也是一个名人“伪事件”遮蔽英雄真事件的时代。

消费偶像、名人偶像和大众偶像都是用以概括现代偶像形态的词汇，且其内涵和外延在很大程度上是重叠的，然而又不是完全等同，它们分别从不同的维度来审视当下偶像，从不同的角度反映了现代偶像的多重含义。从生产偶像到消费偶像、从精英偶像到大众偶像、从英雄偶像到名人偶像，分别是在社会生产力、时代文化和传播媒介的语境下对偶像嬗变的一种概述，但是作为时代文化变迁表征的偶像嬗变现象绝非三言两语能说清楚，有待于对其进行多维度的深入阐释。

（5）偶像嬗变的表征。偶像的嬗变现象折射了时代精神风貌的演变。偶像是人类精神信仰的象征，人类在追求文明发展的进程中，崇拜心理不断世俗化和个体化，从而导致偶像类型的变迁。从生产社会到消费社会、从精英文化到大众文化、从印刷媒介到电子媒介等多重语境转型，引发了生产偶像走向消费偶像、精英偶像走向大众偶像、英雄偶像走向名人偶像的嬗变现象。然而，作为时代文明的表征，偶像并非一个封闭自足的现象，而是一个开放的实体，并在与其他文本的复杂关系中建构自己的意义。传统的偶像是一种意义的文本，现代的偶像则是一种形象的文本。在多重语境下生成的传统偶像到现代偶像的嬗变是一个复杂多义的文本，其在经济领域、传播媒介以及文化权利三方面的表征都蕴含着深刻的社会文化意义。

生产偶像、精英偶像、英雄偶像都是对传统偶像的一种概括，即生产偶像侧重偶像在生产领域中的创见，精英偶像侧重偶像在文化上的先驱性，英雄偶像侧重偶像的历史真实性与伟大性。

名人偶像、消费偶像、大众偶像三者都是消费文化和大众传媒的产物，都借大众传媒而拥有知名度，主要是扮演社会索取者而非给予者的角色，都是以大众为目标人群而被塑造出来的。名人偶像依附大众传媒，知名度就是其生命，既指美名又指恶名，具体指政治明星、企业明星、文化明星以及平民偶像和臭名昭著者。消费偶像以消费性为突出特征，借助大众媒介打造知名度而成为商品并为之代言，因而消费偶像同时也是名人偶像。但反过来，名人偶像不一定同时是消费偶像，如果因名声不好而不被大众所欢迎，就很难成为畅销商品。大众偶像是名人偶像的一种，强调大众身份、大众制造、为大众服务，有时也发挥消费偶像的职能。名人偶像的外延最大，可以囊括消费偶像和大众偶像，而因偶然事件瞬时走红、没有被媒体包装与商业推销的名人，如李子柒可以被称为大众偶像，但却由于没有发挥消费偶像的职能而很难说她是消费偶像。影视歌星（或称为娱乐明星）、体育明星和“选秀”明星则是名人偶像、消费偶像、大众偶像的典型代表①。

① 刘娟．文化社会学视域下的偶像嬗变现象研究［D］．湘潭：湘潭大学，2014.

① 从生产偶像到消费偶像。从生产偶像到消费偶像的转变，反映了从生产社会到消费社会的转变。基于偶像在经济领域职能演变的视角，法兰克福学派的洛文塔尔最早提出“生产偶像”与“消费偶像”概念[①]。生产偶像是生产社会的典范，是社会财富的“给予者”，他们依靠自身努力成才，竭力躲避物质现实的诱惑而成就其无私奉献的精神境界，为社会做出卓越贡献，因而受到世人的敬仰，是激发人们奋斗不息的榜样力量，是来自价值领域的杰出人士，如布鲁诺、马克思、孙中山、鲁迅、毛泽东、周恩来、雷锋、王进喜、焦裕禄、陈景润等，为人类创造物质财富和精神财富，代表了社会生产力的高度与社会精神文明的高度，传达着艰苦奋斗、开拓进取与无私奉献的社会主流价值观。生产偶像以卓越的创造能力脱颖而出，被看作可以模仿的成功榜样，他们的成功事迹被社会塑造为教育的典范。消费偶像是消费社会的产物，消费只是获得幸福的手段，但现在消费变成了目的本身”[②]。永无止境的、超出实用目的的消费已经成为人们日常生活不可或缺的体验，成为人们建构自我、确证自我和寻求自我认同的最主要方式。当交换价值取代自然价值而成为制约消费的主要法则时，消费就变成了身份、地位和品位的象征，成为成功与幸福的标志。消费偶像不生产社会财富，而是索取财富，同时通过展示性消费来激发、诱导大众的消费欲望。消费偶像在反叛生产偶像的创造价值与奉献精神的同时，践行着商品拜物教理念，通过夷平社

① 利奥·洛文塔尔．文学、通俗文化和社会［M］．甘锋，译．北京：中国人民大学出版社，2012：157.

② 埃利希·弗罗姆．健全的社会［M］．欧阳谦，译．北京：中国文联出版公司，1988：134-135.

会中人与人的界限来抹杀社会的创造性。消费偶像在推销自己的同时，也解构了传统的崇高和伟大，消费偶像时代意味着消费已经被建构为人们体验生活、寻找存在感和创造幸福的唯一途径。在这个充满物欲的时代，消费偶像无疑成为社会各行各业最有效的一张通行证。传统的生产偶像则日渐被淡忘，相应的生产、创造和奉献则丧失了其往日中心话题的地位。

② 从精英偶像到大众偶像。从精英偶像到大众偶像的转型，折射了文化话语权从精英文化向大众文化的转移。精英偶像是精英文化塑造出来的，是传达精英意识形态的范例；大众偶像是大众文化在颠覆传统主流价值观过程中塑造出来的文化符号。大众文化借助消费社会和传媒技术迅猛崛起而成为当代文化的主流，是消费性和娱乐性的文化。在大众文化时代，大众自己定义并塑造了属于大众自己的成功神话。在这个“大众偶像胜利”年代，不仅影视歌星、体育明星、选秀明星和网络明星等都是由大众通过票房、收视率和点击率等创造出来的大众偶像，他们以绝对的优势压倒了官方塑造出来的精英偶像，而且传统意义上的精英偶像欲在大众文化中占有一席之地也必须走大众化的道路。传统的娱乐明星开启了大众偶像的繁盛局面，而电视真人选秀节目使大众偶像塑造进入一个巅峰时刻。2001 年，由英国 Fremantle Media 国际传媒公司制作并拥有版权的“流行偶像”就是典型的大众制造偶像的真人秀节目，目前已在世界 30 多个国家制作了本土化的“偶像”节目，掀起了一股全球选秀的浪潮。真人秀节目诞生的大众偶像既颠覆了传统精英偶像所具有的高尚、卓越和伟大的内涵，也打破了娱乐明星所代表的完美个体形象，他们纯粹依靠另类和普通取胜，因为这样的个体更能代表大众自己。我国民选出来的第一个大众超级偶像李

宇春曾两次登上美国《时代周刊》，并获评“亚洲英雄”“中国流行文化代表”。真人选秀是大众塑造偶像的范例，网络另类偶像则是大众塑造偶像的极致，贾君鹏、芙蓉姐姐、凤姐和犀利哥等正是大众借助点击率制造出来的反偶像的偶像，极尽能事地满足大众的猎奇心理。精英偶像的大众化趋势也体现了大众偶像的胜利，大部分知识分子似乎深谙“识时务者为俊杰”的道理，将大众传媒技术作为传播思想和获得名誉的有力武器。易中天和于丹都因为在中央电视台的《百家讲坛》栏目开设讲座而“红”遍大江南北，成为炙手可热的学术明星。韩寒则是公然站在精英文化对立面的大众文化的代言人，是一个与余秋雨、于丹、易中天等主流文化明星有着不同生产机制的另类文化明星，成为当代最有影响力的文化偶像之一，对社会现实具有强烈的批判精神，甚至是反叛专家和权威[①]。他比主流文化明星拥有更多粉丝（寒迷），也更受大众媒体的青睐。到了由消费和娱乐所主宰的年代，大众因为成为消费和传媒最大的目标人群而在很大程度上拥有了文化的发言权，于是由大众所塑造的偶像成为时代的宠儿，而精英偶像则走向了黄昏。

大众偶像的胜利标志着人类自我意识前所未有的彰显，人类正式进入自我崇拜的时代。然而，大众偶像的胜利是通过大众消费和大众娱乐而实现的，这种胜利既可以说是大众避开商业市场的操控在夹缝中创造出来的，也可以说是商业市场这只无形之手精心布局下的一种乌托邦幻象，然而不论怎样，大众偶像都极易误入媚俗化的歧途。大众偶像被胜利冲昏了头，

---

① 韩寒．毒［M］．北京：中国青年出版社，2002：47-48.

陷入一种无限制的解构游戏，传统的价值体系被无情地调侃和推翻，媚俗化的大众偶像填补了空虚，人们从本质上陷入了一种信仰真空和无根无思想的危险境地。传统的精英阶层也在大众偶像的压力和消费市场逻辑的控制下，沦为“追逐名声的动物”，精神文明的大厦遭遇了前所未有的冲击。大众文化的真正意义在于其拥有自主性地位，具有大众特色，与精英文化平行发展、互相补充、共同繁荣。作为大众文化典型符号的大众偶像也应朝着文化健康发展的方向引导，而不是陷入商业市场和娱乐游戏的旋涡不能自拔。

③ 从英雄偶像到名人偶像。在印刷媒介向电子媒介的变迁语境下，英雄偶像走向了名人偶像。中西方文化中的英雄的含义基本一致，都强调非凡的勇气、崇高的人格和伟大的功勋，同时具有模范教育的力量。英雄偶像与其真实的社会活动相连，英雄的名望也是建立在其天赋能力、伟大人格和卓越功勋基础上的，属于人类的真实事件。名人仅是一个拥有名气的人，其名气主要建立于职业领域之外的私生活，其成就只在于吸引大众的注意力。名人偶像的生产属于人类的“伪事件”，名人是瞬时性的偶然产物，只能存在于影像化媒体的虚幻世界，已经沦为一种形象化的符号而非真实的个体。罗杰克认为，名人产生的深层次原因与三个互相关联的历史进程有关，即社会的民主化、宗教组织的衰落、日常生活的商品化[①]。名人偶像是媒体文化和消费文化的产物，名人与大众传媒在本质上就是一种合谋共生的关系，名人的命运掌握在媒体的手中。

① 罗杰克．名流：一个关于名人现象的文化研究［M］．李立玮，译．北京：新世界出版社，2002：12.

在消费和娱乐化的时代，大众媒介就是一架便捷的造神和造梦机器，明星就是大众媒介所塑造出来的名人偶像的范例。明星以个性化和类型化特征，通过真实可感的方式满足了大众的幻想，而现代社会之所以如此热衷于制造明星，在于明星所具有的名人效应已经成为“眼球经济时代”最具市场潜力的商业资本。娱乐文化掩饰了文化瓦解，人们很难再建立起一种坚定的信仰，无信仰或者是信仰太多成为现代人普遍的精神危机，英雄的时代终结了，一个偶像被异化的时代到来了。

④ 偶像嬗变中的受众。偶像与受众（崇拜者）好比硬币的两面，是互为支撑的统一体。偶像的存在以崇拜者为前提，偶像的意义存在于崇拜者的不断阐释与建构中。文化现代性的过程反映到偶像文化上，就是偶像文本与崇拜者在权利关系的博弈中推进偶像文化的现代性。

第一，从英雄拥众到明星粉丝。不同的偶像类型拥有不同类型的崇拜者，根据偶像与崇拜者之间的关系、崇拜者的主观能动性及其特点，将传统英雄偶像的崇拜者称为“拥众”，现代明星偶像的崇拜者称为“追星族”，选秀时代以来明星偶像的崇拜者称为“粉丝”。

传统时期，人们崇拜的对象主要是拥有传奇色彩的英雄人物，包括政治领袖、军事将才、科技人才、文学泰斗等，是人类拼搏奋进的力量之源。英雄偶像对拥众来说就是灵魂的寄托，传统的偶像是一种高高在上的、具有权威性和神圣性的文本，并且具有支配性力量。崇拜者只能毕恭毕敬、被动地接受其所传达出来的主流意识形态，因而在偶像文化中，偶像的绝对中心压制了崇拜者的能动性和主体性。

科学理性和机械复制技术的发展，在为偶像祛魅的同时，提高了人类的主体性意识，偶像权威性的颠覆导致信仰的多元化和虚无化，受众主体性地位的提高不仅体现在拒绝接受主流意识形态强加过来的偶像，而且新媒体的兴起终结了被动的受众，粉丝直接参与到偶像的制作环节。当文化成为一种产业，偶像进入商业价值领域，作为崇拜者的受众由此成为偶像最忠实的优质消费者。

现代偶像崇拜由电影明星拉开序幕，而后扩展到歌星、电视明星、体育明星、学术明星、企业明星和政治明星，并随着 Web2.0 时代的来临和真人选秀“民星”的风靡而被推向高潮。在西方文化中，明星偶像的崇拜者被称为 fans。该词最早形成于 19 世纪末，由 fancy 或 fanatic 减缩而来，包含喜欢之意，最初用于指代狂热的棒球队支持者，并暗含一种非理性的和强烈爱好的贬义。传播学中的 fans 原指宗教的仆人或者奉献者，而后发展成为过度崇拜之意，在国内通常译作“迷”，是既指事物也指人的崇拜者。美国著名学者亨利·詹金斯提出，fans 是“狂热地介入球类、商业或娱乐活动，迷恋、仰慕或崇拜影视歌星或运动明星的人”。在我国，fans 最初被翻译为“追星族”，即“崇拜某些明星的一些人或群体，他们多数是年轻人，有着时尚流行的心态。”①

从传统到现代的偶像嬗变中，偶像崇拜者经历了追随者、追星族和粉丝的演变过程。随着受众类型的变迁，偶像的塑造权发生了转移，偶像崇拜的方式也发生了转变。偶像的塑造权逐渐从官方机构、大众媒体过渡到粉丝手中，崇拜者由被动的受众演变为偶像文化的主动建构者。偶像与崇

① 追星族［EB/OL］．［2020-10-20］．http: //baike.baidu.com/link?url=6fSVwLfMuEn6XRrOk04vBIAe2z3P1SyIDjXKJ6MKk8QFQZDnVo_uFt48_zdDjN7_.

拜者的关系也由偶像支配崇拜者、偶像吸引崇拜者到偶像与崇拜者的互动，因而偶像崇拜的方式也由传统的敬仰式崇拜发展为当今的娱乐式消费。

第二，从被动接受到主动建构。在文化研究的视域中，粉丝身份经历了“被动的受众—抵抗的受众—表演的个体”的发展历程[①]。粉丝身份的演变意味着粉丝文化生产权利的提升，粉丝建构了不同的偶像景观。

在传统的生产社会，生产者掌握了绝对的发言权，而作为无产者的受众则往往受到压制，其能动性完全被遮蔽。罢黜百家，独尊儒术，塑造“孔圣人”的形象和全面推行改造过的儒家思想，成为各朝代统治百姓强有力的武器。孔子这位穿越时空的偶像对现代社会的影响依然很大，其思想内核被纳入社会核心价值观体系中。社会体制和崇拜者自身能力的限制导致普通民众被动接受，除此之外，偶像本身是真英雄，不仅替人类实现了不断超越的梦想，也满足了民众对伟大信仰的本能性渴望，并为有志之士树立了成功的典范，人们对英雄偶像是心悦诚服地敬仰。

随着移动互联网等时代的到来，新媒体制造了草根化的、以选秀偶像为代表的新型“民星”和主动建构的粉丝，以消费为中心的社会语境让拥有巨大消费潜力的粉丝获得了建构偶像的权利，为粉丝深度参与偶像的建构提供了平台。粉丝是民众中最具辨识力、最挑剔的群体，粉丝生产的文化资本也是所有文化资本中最发达、最显眼的[②]。粉丝主动追星，跨越虚拟与真实空间寻找偶像。Web2.0 时代的来临彻底改变了媒介的使用行为，

---

① 马克斯·霍克海默，西奥多·阿道尔诺．启蒙辩证法：哲学片断［M］．渠敬东，曹卫东，译．上海：上海人民出版社，2006：138.

② 约翰·费斯克．粉都的文化经济［M］．北京：北京大学出版社，2009：18.

受众不再是被动接受媒介内容的、面孔模糊的乌合之众，而是主动消费与生产媒介内容的“生产消费者”①。大众通过积极参与偶像制造和偶像崇拜，折射了从偶像崇拜到自我崇拜的暗中转换，本质上是由大众自身参与的对大众自我形象的搜寻与建构。

詹金斯认为，粉丝是最积极、最主动的阅读者、消费者”②。粉丝不是孤立的个体，其阅读过程就是一个社会过程，粉丝既是生产者也是消费者，既消费和重塑别人的文本，也生产自己的文本③。媒介技术的发展在为崇拜者恢复“自由之身”后，又赋予其制造偶像的权利。由此看来，传统偶像的被动接受者在消费社会与大众媒介的语境下已演变为现代偶像的主动建构者，粉丝成为塑造现代偶像文化的主力军。归根结底，粉丝对偶像文本的建构主要是通过消费偶像的方式来实现的。

第三，从虔诚膜拜到娱乐消费。传统时期的信众从传统偶像身上源源不断地汲取精神力量，用灵魂和奋斗膜拜偶像；现代的粉丝则用金钱和时间消费偶像，通过崇拜偶像来尽情释放自我、寻找自我、塑造自我和获得自我认同。传统被动的偶像崇拜者已然远去，现代偶像的粉丝既是主动的偶像生产者，也是偶像的消费者。”④

---

① 张嫱．粉丝力量大［M］．北京：中国人民大学出版社，2010：16.

② JENKINS H . Textual Poachers：television fans and participatory culture［M］. NewYork：Routledge，1992：28.

③ 享利・詹金斯．“干点正事吧！”：粉丝、盗猎者、游牧民［C］// 陶东风．粉丝文化读本．北京：北京大学出版社，2009：46.

④ 西尔斯．在消费与“抵抗”之间的粉丝文化［C］// 陶东风．粉丝文化读本．北京：北京大学出版社，2009：85.

在消费偶像取代膜拜偶像的时代，人们固然拥有了彰显自我和自由创造的权利，却在交换价值的暗中转换下滑入了空虚、焦虑和迷失的深渊。消费不仅解构了传统的英雄神话，而且制造了蛊惑人心的现代伪神话，让大众忘我地沉浸在一种娱乐至死的幻象中。

第四，偶像嬗变的反思。在追溯并深入解读偶像嬗变的轨迹后，人们要深刻反思作为人类文明表征的偶像文化到底发生了什么，遗失了什么，人们该怎么办。

偶像的现代嬗变意味着偶像权威性和崇高性的消解，偶像从一个非凡的人转变为一个平凡的人；偶像受众的主体性也获得了前所未有的解放，从受偶像支配的对象提升为偶像的建构者。与此同时，偶像也成为消费的符号、娱乐的工具和空洞的形象，现代偶像因带来一系列的社会问题而沦为一种饱受质疑的存在。偶像的祛魅促使偶像从神圣走向世俗甚而媚俗，并最终陷入异化的困境，偶像所发生的翻天覆地的变化潜藏着深层的文化危机。虽然现代偶像所具有的积极作用不容忽视，但深刻反思现代偶像的深层危机已刻不容缓。

从生产偶像到消费偶像、从精英偶像到大众偶像、从英雄偶像到名人偶像，偶像的这三种转型本质上就是偶像祛魅的过程。偶像的祛魅得益于科学理性和世俗文化的发展，体现为人类自我意识的渐趋成熟和本质力量的不断实现。“祛魅”（disenchantment）是马克斯·韦伯在分析新教伦理时使用的一个术语：“宗教发展中的这一伟大历史进程，即祛魅或除魅，由古希伯来的先知发起，之后与希腊的科学思想相融合，已经将所有意欲获得救赎的巫魅手段当作迷信和罪恶完全否定了，最后在这里得到了它的逻辑结论”①。显然，韦伯使用“祛魅”这个术语最初是指宗教的世俗化，转而用于分析世界的理性化和理智化。所谓“世界的祛魅”，就是指“驱除巫术、魔法和神秘性，就是驱除‘克力斯玛’的神秘光环，由魅力型统治向法理型统治转变，就是驱除传统、情感乃至价值理性而向工具理性发展的过程。在祛魅的世界图景中，人类中心主义和主体性挺立起来，‘苏格拉底式智慧’‘终极实在’在人类的视野中消失了，人类的理性成为普遍的智慧和最高甚或最后的标准。”②偶像的祛魅是世界祛魅的一部分，随着现代社会个人和社会生活层面的世俗化，人们逐渐从对偶像的幻觉或者迷信中摆脱、清醒过来，在心理和精神上消解关于偶像的神秘想象，祛除偶像的神圣属性，显露偶像的世俗性特征。

偶像的祛魅除了受内在理性主义发展影响外，在客观上是现代传媒技术发展影响下视觉形象增殖的结果③。复制技术将偶像具象化为图像并进行不断的复制，也是对偶像“灵光”（神圣性）的破坏，人们对偶像的膜拜演变为对世俗偶像的观赏与消费。偶像的祛魅又体现在偶像类型的媚俗化、崇拜心理的世俗化和偶像与崇拜者之间距离的消解三个方面。

偶像的祛魅主要体现为偶像类型的世俗化与媚俗化。远古的自然偶像或

---

① 马克斯·韦伯.新教伦理与资本主义精神[M].马奇炎，陈婧，译.北京：北京大学出版社，2012：103.

② 王泽应.祛魅的意义与危机：马克斯·韦伯祛魅观及其影响探论[J].湖南社会科学，2009（4）：3.

③ 弗里克.倒塌的偶像和崛起的圣人：西方对图像崇拜和“敬神文化”的态度[C]//安妮·麦克拉纳，杰弗里·约翰逊.取消图像：反偶像崇拜个案研究.赵泉泉，张建涌，杨贤宗，译.南京：江苏美术出版社，2009：112.

图腾偶像是拟人化了的神，如今的偶像是拟神化了的人甚至是世俗化的人。如果说从对神性的偶像崇拜转变为对人性的娱乐明星偶像崇拜是第一次祛魅，那么这种从偶像崇拜到自我崇拜的暗中转换，这种由大众自身参与的对大众自我的塑造，可以说是当今大众文化对偶像崇拜又一次颇具积极意义的再祛魅。"① 偶像的祛魅也体现在崇拜心理的理性化和世俗化。从偶像崇拜心理的演变历程中不难看出②，传统的偶像崇拜是一种膜拜和敬仰，因为偶像神秘的伟大而带有迷信和盲从色彩；现代的偶像崇拜更多的是一种欣赏和喜爱，反映了人们渴望成为完美个体并拥有花样人生的强烈愿望，是人类的一种媚俗的选择。随着偶像的大众化和多元化，在消费社会语境下，现代人崇拜偶像是为了消遣和娱乐，同时也在宗教世俗化之后，为空虚的心灵找到一个暂时的寄托。消费偶像带给崇拜者的主要就是娱乐和消费，这种崇拜行为是无法持久的。

偶像的祛魅还表现在偶像与崇拜者之间距离的消解。岳晓东认为："远古的偶像多是神明的象征，他永远都是冷冰冰的，高高在上的，即可望而不可即的；今天的偶像多是成功的象征，他（她）是活生生的，有情有义的，而且是随时可以被替换的。"③ 传统的偶像与崇拜者之间是伟大和平凡的关系，二者之间有着不可逾越的鸿沟。现代偶像与粉丝之间是一种喜欢与被喜欢的平等关系，偶像不仅是粉丝可以触摸的实在，而且可以通过

---

① 王洁群，王建香．偶像的再祛魅：大众文化生产的新机制［J］．新闻界，2006（6）：61，114.

② 王晓华．明星崇拜是历史的必然［J］．探索与争鸣，1995（5）：28-30.

③ 岳晓东．我是你的粉丝：透视青少年偶像崇拜［M］．上海：上海人民出版社，2007：12.

自己的行为塑造出来。现代传媒技术的发展可以让粉丝随时随地感知偶像，偶像的神秘感和权威性在这种无距离感中消失殆尽。祛魅的时代是一个世俗化和功利化的时代，是一个工具理性替代价值理性、责任伦理替代信念伦理并主宰人们生活秩序和精神追求的时代[①]，偶像文化正在走向异化。

偶像文化的异化现象是人类文明进程中的副产品。“异化”（alienation）意指“疏离、疏远和转让”[②]，哲学上指主体发展变化到一定阶段和程度，分裂出异己的力量，变为跟主体相对立甚至支配主体的东西。在人类文明的发展进程中，由人类本质力量生产出来的对象不断演变为人类异己的力量，导致人类丧失了自我的主体性，丧失了精神自由，丧失了完整的人格，成为一种孤独、分裂、非人的存在物。人的异化必然反映到文化上，偶像文化的异化主要体现在偶像的异化与偶像崇拜活动的异化两个方面。

3.2.1.2 崇拜

崇拜（worship）出现在远古时代，由于经济落后，古人崇拜的对象是自然力量的化身——神明，人们通过各种仪式向神明表达崇拜之意，祈求远离痛苦与伤病，这种崇拜反映了先民对自然力量的敬畏。因此，崇拜的表现形式来源于宗教中的仪式，崇拜原是特指在宗教仪式中对所信奉上帝的敬仰和尊崇，包含礼拜、礼拜仪式的解释，表达自己对神明的礼敬或对杰出人物的景仰和敬佩之情，体现了人们对图腾文化和宗教文化的恐惧、

---

① 王泽应．祛魅的意义与危机：马克斯·韦伯祛魅观及其影响探论［J］．湖南社会科学，2009（4）：3.

② 雷蒙·威廉斯．关键词：文化与社会的词汇［M］．刘建基，译．北京：生活·读书·新知三联书店，2005：4-9.

敬畏、顺从。后来，随着农业和手工业的发展，以及人们思想文化的变迁，崇拜一词的词义发生变化。根据《辞海》（第6版）中的解释，崇拜是“尊崇钦佩之至”的意思，在其他词典里也有类似的解释。《现代汉语词典》（第7版）中对崇拜的解释为“尊敬钦佩”；《汉语大词典》中对崇拜的解释是“尊重拜授；尊崇奉拜；尊重敬佩”；《中文大辞典》中将崇拜解释为“尊敬”①。“崇拜就是不加限制地尊敬，即充分运用他们的官能，以心灵的所有诚意来尊敬。”②

崇拜心理是“人类自我意识的产物，是伴随意识觉醒和认识发展出现的社会心理，体现了人类对自我的环境的理解和体验”③。崇拜是“指个人或群体对某一人格形象所表现出来的极度尊敬、钦佩、欣赏、向往等心理、情感及其引发的各种行为表现”④。崇拜中表达了“人的渴望、羡慕、敬佩、赞美、欣赏的情感，体现了希望成功，追求完美的心态”⑤。结合时代特点，崇拜是崇拜者对被崇拜者怀有的一种尊敬、钦佩的情感和心态，一般来说，是崇拜者和被崇拜者之间在不可比的情况下发生的，反映了崇拜者希望成功和追求完美的渴望。

---

①　何小忠 . 青少年偶像崇拜与教育［D］. 苏州：苏州大学，2005：43.

②　卡莱尔 . 英雄和英雄崇拜：卡莱尔讲演集［C］. 张峰，吕霞，译 . 上海：上海三联书店，1988：17.

③　郑欣 . 平民偶像崇拜：电视选秀节目的传播社会学研究［M］. 北京：中国传媒大学出版社，2008：47.

④　杨林 . 当代我国青少年偶像崇拜及其伦理引导［D］. 石家庄：河北师范大学，2017.

⑤　祥贵 . 崇拜心理学［M］. 北京：大众文艺出版社，2001.

3.2.1.3 偶像崇拜

当今社会追剧、追星的潮爆，不得不让人们再次审视什么是偶像崇拜。心理学认为，偶像崇拜是一种特殊的社会心理现象，它通过人们对崇拜人物夸大了社会认知而产生的光环效应，将其言行举止加以神圣化并神秘化。偶像崇拜通常指个体对其信仰着的物或人不加怀疑盲目追逐的极端现象。偶像崇拜是指个体对优势人物产生的认同和依恋。实质上，偶像崇拜似乎是对自我的心理寄托和行为替代载体的迷信，是对信仰着的象征物、对象信仰的极端。只是一种为“我”所用的信仰与理想具体而微的终极，由“我”赋予“他”某些意义，之后按照自我的方式相信并选择效仿。假如融合了批判，偶像的意义在机制上就已经被自我摧毁，偶像最终也会被自身摧毁。“偶像崇拜”是一种本能，也是人性自然的扩张，只是当这种本能和扩张由于外界的因素而选择了不择手段之后，人性就必被颠覆于纵欲的尘土中。当偶像崇拜从榜样和楷模进入自己这一辈子非要见到不可的盲目状态之后，崇拜者的人性中就会滋生出“放纵自己”“我行我素”“非如此不可”的欲望，最终陷入追逐偶像、逃避现实、失去自我的迷幻状态。

苏国红在《嫉妒及其负作用的抑制与转化》中指出：“人在‘现实’与‘理想现实’之间的不平衡状态就是崇拜”，以及“崇拜者与被崇拜者之间，一般都具有不可比性，崇拜者能够清醒地看到二者之间的差距”[①]。在崇拜中，现实的自我被神抹杀了，劳动者为了使神对自己有好感，把自

---

① 苏国红．嫉妒及其负作用的抑制与转化［J］．安徽师范大学学报（人文社会科学版），1996（3）：253-257.

己看成是依附于神的。为此，偶像崇拜可以理解为人们对自我实然现实和应然现实不平衡的一种心理状态。

偶像崇拜最初是指对某一事物或人的崇拜，这种崇拜很宽泛，崇拜的对象可以一个符号、图腾、神灵或者一个物品。新中国成立后，人们对偶像崇拜又有了不同的定义，这个时期的偶像崇拜多指对英雄人物、革命先烈及榜样模范的崇拜，如今，偶像崇拜的所指也与之前有所不同。在当今社会大环境下，偶像崇拜多指狭义上对偶像明星或者某一领域优秀的、杰出的人的崇拜。

青少年偶像崇拜具体指青少年对自己理想的人格符号所表现的向往、尊敬、羡慕的心理与行为表现。弗罗姆指出："偶像崇拜是对幻想中杰出人物的依恋，这种幻想常被过分地强化或理想化了。"①

不同学科对偶像崇拜的解说众说纷纭。心理学认为，偶像是凝聚着青少年"光环效应"的人物，偶像崇拜是个人对其喜爱人物的情感依恋和社会认同，分为浪漫式依恋和认同式依恋两种类型；社会学认为，偶像崇拜是一种特殊的社会行为现象，它是人们丰富个人情感生活与娱乐闲暇时光的一种感性抒发。这种现象在青少年学生身上体现得特别明显，具体表现为收集与偶像有关的信息、图片和实物，参与和偶像有关的活动，给偶像写信、聊天、模仿偶像的言谈举止等；教育学认为，偶像崇拜是一种价值观的体现②。

---

① 岳晓东．青少年偶像崇拜与榜样学习的异同分析［J］．青年研究，1999（7）：1-9.

② 张启明．试论体育偶像崇拜［J］．福建师范大学福清分校学报，2001（2）：76-79.

3.2.1.4 粉丝与粉丝文化、迷文化

“粉丝”是英文“fans”的音译，是fan的复数形式，《牛津高阶词典》中对它的释义为“Enthusiastic admirer or supporter of something or somebody”，即某物或某人的热情狂热的崇拜者、支持者。“迷”现象或说“偶像崇拜”现象自古有之，早在春秋战国时期，诸子百家各学术明星都有自己的追随者，在西方的维多利亚女王时代，欧洲有许多社会名流或贵族供养作家或画家，著名的歌剧演员和艺术家也有许多追随者，而“粉丝”真正成为一种不可忽视的社会文化现象，则是在资本主义的消费主义和工业化带来的现代性之后。随着工业时代的来临，“粉丝现象”借助大众传播媒介，逐渐积淀出今日的“粉丝文化”，成为大众文化的组成部分。在粉丝网创始人王吉鹏看来，“粉丝就是对于某种目标（人或物）拥有喜欢、关注、信仰等情绪，并愿意付出成本（时间、金钱等）的人”①。

（1）影响粉丝文化的因素。网络和媒介技术的不断革新对粉丝文化的发展进程起到革命性的作用。在网络时代来临之前的大众传播时代，信息的传播是单向性的，粉丝受众的迷狂行为大多囿于个人领域之内，由于互动渠道的稀缺，粉丝之间的交流形式也十分受限，大都只能与身边的亲人、友人进行交流，难以形成规模，且粉丝年龄普遍偏低。进入网络时代之后，网络的普及、信息的通达，为具有相同爱好的人聚集在网络平台，联合为一个个社群创造了条件。这些社群都由多元的成员构成，且通常具有高度的组织性和情感凝结度。传播渠道的增加也让粉丝受众突破了从前

---

① 张嫱．粉丝力量大［M］．北京：中国人民大学出版社，2010.

单一接收者的身份，成为传受统一体。成员不仅在社群内交流情感、分享信息，他们强大的行动力也成为文化工业不得不重视的对象。目前，文化市场为大众提供了更多的文化产品，除了名人、明星有自己的追随者，各种品牌也出现了追随者和文化产品，如电视剧、小说、游戏等类型的粉丝，泛娱乐化时代创造了更多种类的粉丝群体和更多样化的粉丝文化。

新媒体时代，技术赋权给予受众参与媒介生产更多的机会和平台，也使新的文化形态和文化现象得以衍生，粉丝参与式行为和参与式文化就是其一。关注这种行为和现象，探究其内在逻辑是新媒体理论和实践发展中不能回避的重要课题。作为 Web2.0 时代兴起的开放性网络社交服务，微博是受众参与媒介生产的重要途径，我国最具代表性的新浪微博更是以社区化的粉丝社交平台聚拢了大量的粉丝积极参与生产。有研究者以新浪微博为主要阵地所产生的明星粉丝“控评”“轮博”现象，以粉丝文化理论、受众理论为指导，综合新闻学、传播学、社会学等学科知识，采用文献分析法、网络（虚拟）调查法、内容分析法、问卷调查法、个体调研法，探究这一现象中人、媒介与社会的互动关系，透过这一现象的深层背景和原因，理解新媒介技术下粉丝文化的发展态势；通过对现象的影响分析，提出规范和治理对策。通过内容分析，得出粉丝控评、轮博更倾向于事关明星事业发展的商业类微博，控评、轮博的文本具有浅薄化、重复性的特征，占领明星微博热门转发、评论的用户存在趋同，评论发布时间离明星发布微博时间越近越容易占据热门评论等结论。通过问卷调查和个体调研，得知参与控评、轮博的粉丝群体构成以 18—25 岁的女性大学生群体为主，她们在微博的使用频率、偶像崇拜程度上更高，但表现出对控评、轮博较低的认可度。粉丝控评、轮博行为是参与式文化的产物，它兴起的背后也有政治、经济、技术的支撑。针对控评、轮博给个人、平台和社会带来的负面影响，研究者提出了加强新媒体时代的粉丝引导、构建健康的微博媒介生态、树立娱乐行业的用人规范理念、以社会主义核心价值观为引领等建议[①]。

一方面，粉丝群体因对“偶像”或“文化产品”的狂热与喜爱，往往具有超出一般大众的消费能力，这成为现代文化工业捕捉与维护的目标。另一方面，新媒体赋权和传播的去中心化，让受众的主体性和能动性在很大程度上得到发挥，这种主体性在社群组织下，往往能形成巨大的行动力，进而对文化工业生产体系产生影响，比如电视剧粉丝对剧情的看法或诉求往往能改变剧情的原本走向。值得注意的是，受众的主体性和能动性在对媒介原文本的个性化解读和二度创作中得到淋漓尽致的发挥，这些粉丝创作的文本成为大众文化中极具创造力和色彩绚丽的部分。这些文本主要流通于粉丝社群之内，其中的优秀作品会吸引众多的追随者，尤其当某一作者持续产出高质量的作品并受到社群成员瞩目与追随时，该作者就成了社群内的名人，即粉都明星。

（2）国内外粉丝文化的研究。

① 西方的粉丝文化研究。西方的粉丝文化研究在 20 世纪 80 年代后期才逐渐兴起，发展到目前的网络时代，学界对粉丝文化的研究只是立足于网络，同时也将粉丝文化纳入现实生活，以更多方位的视角展开研究。马

① 蒋力 . 新浪微博明星粉丝“控评”“轮博”现象研究［D］. 南宁：广西大学，2019.

特·希尔斯的《迷文化》（*Fan Cultures*）一书，采用个案研究的方法，再现了新媒介环境下的新文化现象，用精神分析理论、社会学理论等分析了各种流行文化、消费文化、迷文化。总体而言，西方的粉丝文化研究经过不断的发展已具规模，并紧随时代不断出现新的理论，为我国的粉丝文化研究提供了坚实的理论基础。

② 我国的粉丝文化研究。我国的粉丝文化研究相对滞后。20 世纪 90 年代，追星族的狂热曾引起媒体和大众的关注，那时大众对追星族的印象多为“误入歧途”的疯狂青少年，对这一现象的关注也多在教育引导方面。国内学界真正开始对粉丝文化展开系统研究，是在 2005 年湖南卫视《超级女声》爆红全国之后，张嫱撰写的《迷研究理论初探》一文就是以李宇春的粉丝为例，对粉丝群体的媒介使用情况进行了系统分析，它是我国第一篇正式研究粉丝行为的学术论文。之后，关于粉丝文化、粉丝现象的研究逐渐增多，研究涉及经济、社会、文化、娱乐等各个方面。迄今为止，国内针对粉丝文化进行的研究大致可以分为以下四类。

首先，对西方理论成果的翻译与解读。研究者从“粉丝与文化消费”“粉丝的情感与认同”“粉丝实践中的身份政治”“粉丝社群与赛博空间”四个方面，对西方的主要理论成果进行了介绍与梳理[①②]。

其次，从传播学角度出发进行的研究。大部分研究者从受众理论角度

① 陶东风. 粉丝文化读本［C］. 北京：北京大学出版社，2009.

② 蔡骐. 解析菲斯克的大众文化与粉丝研究[J]. 湖南大众传媒职业技术学院学报，2010(6)：18-21，35.

研究粉丝现象，如蔡骐对粉丝型受众做出了反本质主义的解读①；从新媒体对粉丝文化的影响方面进行的研究②，如杨培在《粉丝亚文化再现与媒介话语权》③中，将亚文化和传播学的媒介话语权相结合，对网络空间粉丝社群的凝聚力和行动同质性，以及新媒体在这其中起到的作用进行了探讨④；互联网时代带来的韩流的兴盛也引起了部分学者的注意，如韩梦薇采用参与式观察法和问卷调查法，分析了Web2.0时代的百度2PM吧粉丝“圈子”中的社群整体互动，认为粉丝群体的互动其实是一个整体的、包含各要素在内的互相影响和制约⑤。

再次，从媒介素养视角出发的研究。如陈霖和杨培指出，媒体建立的阐释框架将极端的粉丝个体从粉丝群体中抽离出来，模糊了大众对粉丝群体及粉丝文化的认知⑥。

最后，从经济学角度展开的研究。粉丝因对偶像的喜爱与崇拜，往往将这种感情转化为庞大的消费能力，出现了许多粉丝经济效应，引起了学界的广泛关注。蔡骐分析了网络时代的粉丝经济模式及其可持续发

① 蔡骐．粉丝型受众探析［J］．新闻与传播研究，2011（2）：33-41.

② 蔡骐，欧阳菁．社会传播视野中的“粉丝”文化［J］．淮海工学院学报（社会科学版），2007（2）：73-76.

③ 杨培．粉丝亚文化再现与媒介话语权［J］．浙江传媒学院学报，2013（2）：24-28.

④ 潘曙雅，张煜棋．虚拟在场：网络粉丝社群的互动仪式链［J］．国际新闻界，2014（9）：35-46.

⑤ 韩梦薇．百度贴吧中的粉丝群体整体互动模式分析：以百度2PM吧粉丝群体互动为例［D］．西安：陕西师范大学，2015.

⑥ 陈霖，杨培．大众传播媒介对“粉丝”亚文化的再现：以央视对“杨丽娟事件”的报道为例［J］．文艺研究，2012（4）：35-41.

展的可能性[①]。孟圆圆和李文明对小米如何在激烈竞争的电商市场中不断创造奇迹及其在移动电商时代独创的粉丝经济运作模式进行了探讨分析[②]。这类品牌粉丝创造出的粉丝经济现象引起了学者持续的关注与研究。从经济学视角出发的研究，多从实践出发，探讨如何利用粉丝影响力促进销售推广。从文学角度出发的研究多是对粉丝创作的文化产品展开的分析，如杨玲对全球化时代广泛传播于粉丝群体内的同性情爱小说进行了分析[③]。

除了以上四种类型外，还有从性别、政治和心理学角度进行的研究[④]，如金圣华通过对中年女性偶像崇拜的心理进行解析，阐释这一群体通过偶像崇拜实现的自我突破与心理成长[⑤]。

目前，国内学界关于粉丝文化的研究多聚焦偶像明星的粉丝群体。然而，除了偶像明星、电影明星、体育明星等这类明星的粉丝之外，还有诸如文学小说、网络游戏、影视作品、商业品牌等文化产品的粉丝，这是泛娱乐化带来的结果之一。粉丝群体的样态是复杂多样的，不同类型的粉丝群体之间存在着许多差异，如星粉会实时追踪偶像的日程、会为偶像贡献

---

① 蔡骐．社会化网络时代的粉丝经济模式［J］．中国青年研究．2015（11）：5-11.

② 孟圆圆，李文明．移动电商时代的粉丝经济运作模式粉丝：以“米粉”为例［J］．商业经济研究，2016（4）：77-79.

③ 杨玲．粉丝小说和同人文：当西方与东方相遇［J］．济宁学院学报，2009（1）：46-51.

④ 黄淑贞．成年女性粉丝中的性别政治：东方神起网络粉丝群个案研究［D］．南京：南京大学，2011.

⑤ 金圣华．本土心理学视域下的偶像崇拜：以李敏镐的中年女性粉丝为研究对象［D］．长春：吉林大学，2015.

票房、购买专辑、打榜投票，他们的粉丝行为表征为对偶像本人的情感投入和迷狂追随；文学小说、影视作品等文化产品的粉丝，他们的粉丝行为则更多地表征为对原文本的个性化阐释、深度剖析和多元大胆的二次创作，这也是文化产品粉都的粉丝文本无比丰富的原因，而这部分的研究目前在国内仍占少数。另一个研究聚焦点则是粉丝经济，这些在费斯克眼中“过度的读者”，他们的迷狂之情常化为强大的消费能力，学界对粉丝的消费能力和消费模式表现出极大的兴趣，近几年的粉丝电影和粉丝营销就吸引了不少学者的关注。迄今为止的粉丝研究多是对粉都的群体画像，如粉都的互动模式、群体认同等，几乎都是立足于宏观视角，也有立足于粉都明星，试图从这样一个微观视角出发，对粉丝文化做出新的探索与研究。

国内的粉丝文化研究已经得到了一定程度的发展，涉及多学科和领域，学界对新出现的粉丝现象也能做到及时地跟踪分析。但是，国内的研究大都依托西方的相关成果，没能提出自己的理论观点，且研究重点存在明显的偏向，对粉丝文化的研究还不全面。

改革开放之后，在国内形成了各种粉丝群体，不管是前网络时代的“追星族”，还是网络时代形成规模的粉丝组织，长期以来都被贴上“疯狂”“不理智”“幼稚”等标签，这种刻板印象在部分粉丝失范的偶像崇拜实践以及媒体对这类实践的偏好报道上，短时间内很难改变，这种情况从现在网络平台上与粉丝联系最紧密的词汇为“脑残”便可见一斑。如何正确认识“粉都”这样一个文化衍生平台，还原一个更为真实的、去标签化的粉都样态，是当前应该重视的话题。

3.2.1.5 明星、追星群体及其追星行为的特征、明星崇拜

（1）明星与追星群体。伴随时代的跨越式发展、社会的全面进步、思想观念的逐步开放及文化产业交流的日益频繁，越来越多的文学、艺术、娱乐、音乐、体育节目相继出现。这些节目诞生了越来越多的明星，包括一些草根明星。以中学生为主体的青少年，把明星作为自己的偶像，进而加入了“追星族”的行列[①]。他们因同一目标、同一观点或同一兴趣爱好而聚集在一起，当超过一定规模的青少年聚集起来并表现出非制度性集体行动的时候，集群行为便形成了。青少年通过群体成员的身份来获得自我认同感，提升自我形象和维持自尊。集群行为的非制度性特征表明，集群行为是无组织的、自发的，追星群体的追星行为同样也是无组织的、自发的行为，这一点符合集群行为最主要的特征。

（2）追星行为的特征。虽然追星行为与集群行为在内涵上不尽相同，但两种行为之间具有内在联系。

① 追星行为既可以是个体行为，也可以是集体集群行为。

② 追星群体在追星过程中带有强烈的情绪、情感体验，根据群际情绪理论，这种情绪、情感体验能促使个体追星行为向集体追星行为发展，当集体自发地产生了行为统一的追星行动，集群行为便形成了。因此，追星行为具有发展为集群行为的趋势，集群行为是追星行为高度发展的趋势和结果，追星行为本质上属于一种特殊的集群行为。

③ 追星群体发生集群行为的可能性及影响集群行为发生的条件有以下

① 郑凯．当前中学生追星现象及其引导研究［D］．武汉：华中师范大学，2014.

两点。

第一，追星群体内部具有相似的语言风格，与其他群体的语言风格不同，追星群体能够产生集群行为，产生集群行为的可能性大于随机水平。

第二，信息级联模型为集群行为的产生提供了理论依据。通过控制不同性质信号的数量相对差异能够诱导出信息级联和集群行为，通过使个体产生偏好的私有信号，能够阻断信息级联和集群行为的病毒式蔓延。当网络舆论中个体能够基于偏好的私有信号自主作出决策时，信号抑制模型便成立了，个体能够抑制外界信号的干扰，并以外界信号来支持或佐证自己已作出的选择。当个体偏好某一信号时，其他信号并不是没有存在价值的，而是能够提供佐证，反向促使个体基于偏好信号作出决策，从而阻止信息级联。在信号能够被抑制的情况下，一定规模的信号空间能够促使个体坚持自己的选择①。

（3）明星与明星崇拜。明星是指在一定领域中才华出众、超越常人的人，是被大众所熟知的杰出的人。“明星”一词源于我国古代传说，是仙女的名字。《太平广记》中就有仙女明星“居华山，服玉浆，白日升天”之说，后来的“明星”也专门用来指金星。因为金星很亮，所以人们就用“明星”来比喻成就斐然、才华出众的人②。明星最早出现于1824年，针对在戏剧界的有名演员而言。经过近百年的历程，到1919年，“明星”一词

---

① 李雄．集群行为的调控与信号抑制模型：以追星群体为例［D］．昆明：云南师范大学，2019.

② 彼得·M. 布劳．社会生活中的交换与权力［M］．李国武，译．北京：商务印书馆，2012：11.

从英语词汇中引用来专指电影明星。明星的概念逐渐扩大，随着电影、电视及竞技体育的日趋普及，“明星”一词也由专指好莱坞的女明星过渡到影视界所有著名演员，而后又延伸到政界、商界、文艺界、体育界等领域。人们对“明星”的界定众说纷纭、各执一词。《辞海》（第6版）中对明星的解释为“旧时对著名演员、运动员的夸耀称号”①。现实中的影视歌和体育明星指在影视歌等娱乐界和体育界中被大众所熟悉和关注的人，包括当红的主持人、影星、歌星以及在体育比赛中取得优异成绩的运动员，如董卿、王力宏、刘翔、科比等。还包括一些在幕后工作且被大众了解的人员，如知名导演、经纪人、体育教练等。

“明星崇拜”是20世纪以来出现的新概念，是指在现代社会中，在大众媒介作用下，人们对自己所认同的演艺娱乐界和体育界中的焦点人物所表现出的极度喜欢、欣赏、佩服等情感以及由此引发的种种行为表现。明星崇拜通常是指对某一领域成功人士的一种欣赏、仰慕之情感。明星崇拜是当今大学生精神生活中的重要内容。“影视明星崇拜”，即对活跃在影视界，具有一定知名度的演员、歌手、主持人等产生敬佩与赞美之情，并且通过行为模仿等方式表现出来。实际上，影视明星崇拜在一定程度上反映了大学生现实状况与理想状况之间的矛盾。大学生都具有理想信念，渴望成功成才。理想虽然美好，但是往往与现实差距很大。当理想和现实产生矛盾时，心理尚未完全成熟的大学生极易从外部寻找新的精神寄托，将自身的理想信念投射在外部事物上，此时备受瞩目的影视明星很容易成

---

① 王青涛．青少年运动员对体育明星崇拜现象的调查研究［D］．石家庄：河北师范大学，2008.

为大学生理想信念的外部投射，大学生渴望如影视明星那般受人瞩目，获得成功[①]。

明星崇拜是20世纪中期兴起的重要文化现象，先前地位卑微的演艺人员和体育运动员仿佛突然间获得了神性，其中的杰出者跃升为亿万人的崇拜对象。很多学者将明星崇拜现象归结为大众传媒在当代文化中的霸主地位，但是大众传媒的崛起至多是其产生的机缘，一定有深层的因缘成全着它。在对人类的信仰史进行必要的考察之后发现，明星崇拜现象实际上源于人类信仰的现代转向，即从敬拜超越人的存在到敬拜人，由敬拜人的工具性存在到敬拜人的目的性存在。人的解放和人的僭越都可以从这个转向中见到。因此，研究明星崇拜现象绝不仅仅是承担普通的大众文化课题，更是担当探索人类精神终极指向的事业[②]。

3.2.1.6 体育明星崇拜

（1）体育明星、体育明星崇拜的概念。体育明星特指具有高超运动技艺，在社会生活中拥有一定知名度或号召力的运动员。在体育运动领域，他们是最耀眼的一群人，经常受到大众，特别是青少年体育爱好者的追捧。

卢涛等提出，体育明星是以体育运动作为主要职业之一，具有较高运动技能水平，在体育运动项目中能够取得优异成绩，具有特定的代表性形象，具有一定的社会知名度、影响力和美誉度，具有可挖掘的潜在社会效

① 冉煜．重庆市大学生影视明星崇拜及其引导研究［D］．重庆：西南政法大学，2018.

② 王晓华．明星崇拜现象与信仰的一种转向［J］．文艺理论研究，2002（5）：52-57.

益和经济效益的体育运动员①。

郝家春、张志佳认为："体育明星是在体育领域成就卓越，表现突出，社会形象良好，为公众瞩目的杰出体育界人士，主要指运动员和教练员②。马瑞、俞继英认为，体育明星"是指在体育生活中拥有一定知名度和感染力的运动员，同时具备高超的运动技能③。江福云认为："体育明星应具有较强的运动技能，顽强的意志品质，形象、形体优美，有较高的社会关注度和社会价值等。"他提出，体育明星是在体育领域成就卓越，拥有积极向上的气质和个性，赛场上能展现出"超越一般人的'奇魅'特质"，具有一定社会影响力的运动员④。

有学者提出，体育明星是政治、经济和社会三种维度建构的产物，是国家、市场和社会三者同构的客体化和工具化的对象⑤。此观点基于社会学角度对体育明星的形成进行构建，对了解体育明星形成过程中国家、市场和社会因素的地位、作用具有重要意义，但是这种构建方式忽略了体育明星作为个体本身的人格特征及魅力。马瑞、俞继英认为，体育明星作为运动领域最耀眼的人，特指具有高超运动技艺、在社会生活中拥有一定知

---

① 卢涛，陈彩霞，苗萌．我国体育明星公众危机应对策略探讨［J］．南京体育学院学报（自然科学版），2011（3）：132-134.

② 郝家春，张志佳．中国体育明星社会责任解析［J］．首都体育学院学报，2009（3）：276-280.

③ 马瑞，俞继英．体育明星崇拜对我国青少年体育精神认知的影响［J］．上海体育学院学报，2010（4）：11-14.

④ 江福云．我国体育明星对中华体育精神的传承与发展[J]．体育成人教育学刊，2010(2)：1-3.

⑤ 胡全柱，乔超．青少年体育明星崇拜的社会学分析：基于"国家－市场－社会"理论视角[J]．体育与科学，2014（4）：64-66，100.

名度或号召力的运动员[①]。

体育明星通常指在体育界成就卓越、表现突出，并在大众中拥有极高关注度的杰出人员，包括运动员、教练员等，如郎平。现代意义上的体育明星，是能够在大型体育比赛中获得优异成绩，取得相应知名度，能承载大众的运动审美期望和理想，独立支配因个人运动成绩而获得的经济效益，并以鲜活、鲜明的形象和强大的感召力激发大众健身热情，满足体育消费心理，成为大众关注焦点和尊崇典型的偶像，与视觉形象关系密切的运动员[②]。体育明星是兼具良好的技战术水平和高尚的榜样、优秀的个人品质，致力于被我国大众广泛熟知的体育项目的优秀运动员代表。总之，体育明星崇拜是把体育明星作为自己心目中的偶像而对其产生喜爱的心理反应，然后通过喜欢的某一明星做出一系列热情和崇拜的行为[③]。

（2）明星效应、体育明星效应。

① 明星效应、体育明星效应的概念。依附体育明星所产生的一系列连锁反应及可利用的一系列效果即为明星效应。“明星效应”的定义尚未明确和统一。有研究者认为，“明星效应”是指某一领域（如影视、音乐、体育、文学等）的明星依托现代传媒技术，将既有知名度进一步扩大，从而对社会产生一定的影响。例如，篮球运动员姚明在社会各个层面的影响都很大，

---

① 马瑞.俞继英.体育明星崇拜对我国青少年体育精神认知的影响［J］.上海体育学院学报，2010（4）：11–14.

② 孔德国.体育明星及其消费文化功能研究［J］.体育文化导刊，2007（11）：43-45.

③ 杨琦.西安、昆明两地初中学生体育明星崇拜的原因与行为的比较研究［D］.昆明：云南师范大学，2017.

所以社会上出现了“姚明效应”这一词汇[①]。

② 产生体育明星效应的条件。产生体育明星效应的条件有以下五点。

第一，比赛成绩。卓越的比赛成绩是产生体育明星的必要前提条件。

第二，运动项目。一般奥运项目或过程激烈的比赛项目更容易引起关注。

第三，运动员形象。运动员的外在形象和内在气质也不可或缺。

第四，情感共鸣。观众与赛场上运动员情感合二为一，运动员才能被牢记。

第五，大众媒体。网络媒体提供认识体育明星的平台。时代在发展，思想枷锁被打破，人们认识到自然现象仅是自然现象，不再将运动竞技冠军看作神灵的化身，但体育明星崇拜的现象仍然普遍存在。

3.2.1.7 榜样、榜样教育、榜样学习

（1）榜样的含义及其与偶像的辨析。

① 榜样的含义。作为一个词汇，“榜样”的单独使用最早出自宋代张磁的《俯镜亭·唤作大圆镜》中：“唤作大圆镜，波纹从此生。何妨云影杂，榜样自天成。”其中把榜样叫作一个大圆镜，就可以从中对比自己的差距与不足。不受社会浮躁繁杂环境的影响，榜样的标杆都是自然形成的。从字面解释，榜样之“榜”本是一种矫正弓弩的工具，“榜者，所以矫不正也。”而“样”一般指样式、模式，因此“榜”和“样”的结合，应是一种矫枉

---

① 谭睿，刘桂芝．滑雪明星效应对青少年滑雪运动发展的影响研究［J］．哈尔滨体育学院学报，2016（6）：35-39.

正曲的样式[①]。《辞海》（第6版）中对榜样的解释为“榜样是指值得学习的好人或好事。”榜样是指对社会主体的人生发展有所启发并具有意义的人及其事迹，是值得学习的好人或好事。”[②]赵翰章在主编的《德育论》中指出：“榜样是在人们头脑中的先进典型、突出的人物形象。”[③]

榜样是指产生于特定历史环境中，具有高尚的人格和行为素养，以其自身及行为集中体现出一定社会原则和规范，是在思想领域值得人们学习和效仿的先进人物。榜样的行为体现了某些社会阶层及其行为的准则，所以，榜样是理想人格的典型和楷模[④]。榜样是能够集中体现特定社会、一定阶级的榜样原则和榜样规范的典型人物，是一定阶级在特定历史时期的理想人格和人们应该学习效仿的榜样楷模[⑤]。罗国杰在《中国伦理学百科全书·伦理学原理卷》中，将榜样定义为一定阶级的榜样规范原则在具体人物身上的集中体现，是某些阶级理想人格的具体表现[⑥]。榜样是堪称楷模的典型个人或团体，其将抽象的榜样原则和规范的具体化，并通过自身实际行动生动形象地表现出来；树立榜样是社会发展过程中先进性的要求[⑦]。总之，榜样是值得人们学习和效仿的先进人物，具体社会生活实践中涌现出来的各类榜样典范都是一定社会榜样

① 王道俊，王汉澜．教育学［M］．北京：人民教育出版社，1989.

② 邵瑞珍，皮连生．教育心理学［M］．上海：上海教育出版社，1988.

③ 赵翰章．德育论［M］．长春：吉林教育出版社，1987:124.

④ 李水海．世界伦理道德辞典［M］．西安：陕西人民出版社，1990.

⑤ 廖盖隆．马克思主义百科要览：下卷［M］．北京：人民日报出版社，1993.

⑥ 罗国杰．中国伦理学百科全书：伦理学原理卷［M］．长春：吉林人民出版社，1993.

⑦ 朱贻庭．伦理学大辞典［M］．上海：上海辞书出版社，2002.

原则和规范的集中表现，具有感染、激励和鼓舞人们进步的作用，能够调整人与人之间以及人和社会之间关系，如在个体方面，通过向榜样学习，可以提升公民道德修养；在社会方面，通过榜样的示范作用，可以更好地促进文明社会的构建。也就是说，榜样在思想层面上回答了应该做什么样人的问题，在行为方式层面为人民群众提供了一个可学习、可效仿的标准[①]。

由此可见，榜样是被人们模仿的对象，是楷模或偶像，是人们普遍认为好的人或事，榜样所起的是矫枉正曲的作用，榜样的主体是人或者人在被模仿者头脑中的形象，因为好事由人所为。榜样的选择既可以是社会行为，也可以是个体行为；榜样既可以是自我身边的典型，也可以是全社会或某一政党所推崇的典范。榜样存在的最大意义就是被学习或模仿，榜样被学习的对象既包括它的外部行为，又包括它的内在品质。

② 偶像与榜样的辨析。在班杜拉的社会学习理论中，他人及其行为均可能成为学习的对象，这个对象就是 model 或 model-role，这个过程叫 modeling，并无价值区分，也没有在价值维度上对 model 区分出偶像与榜样。岳晓东对偶像与榜样的概念差异进行了较为深入的分析，并认为偶像和榜样间存在一种理想化与现实化、浪漫化与理性化、绝对化与相对化的对立关系，偶像一般是相当理想化、完美化、非凡化和浪漫化的人物形象，而榜样则是相当现实化、世俗化、功利化和平凡化的人物形象，并提出了偶像度（青少年对其钦佩人物的偶像崇拜程度）和榜样度（青

① 国煜婕. 新时期道德榜样研究［D］. 曲阜：曲阜师范大学，2019.

少年对其钦佩人物的榜样学习程度）的概念。榜样塑造是组织行为，偶像打造是商业行为；榜样以“利他”为特征，偶像以“成功”为特征。

③ 偶像类型。偶像与榜样人物一般依照青少年对其崇拜程度不同分为四类：纯偶像、榜样型偶像、偶像型榜样和纯榜样。

纯偶像通常包括那些理想—浪漫—绝对型名人，如香港的四大天王、王菲、梅艳芳、梁咏琪等歌星，美国的麦克·杰克逊、麦当娜等人物。偶像人物可给青少年的精神世界带来极大的向往、幻想和虚荣满足，但也会使一些青少年沉溺于对其追逐和依恋当中。事实上，纯偶像的出现是与当今明星人物的巨大商业包装和推销密切相关的，其包装形象往往比其真实形象更完美。

榜样型偶像通常包括理性化—现实化—相对化型的名人，如毛泽东、周恩来、邓小平、爱因斯坦、鲁迅、雷锋等著名政治家、科学家、文学家、艺术家和公众模范人物等。偶像人物只是为社会所熟知的成功或杰出人士，虽然有利于引导和促进青少年的志向确立与自我奋斗，但通常不会给青少年带来浪漫化的幻想。较之纯偶像，他们多是以特殊的气质和成就来感召他人，不需要刻意的商业包装和宣传。

偶像型榜样通常指具有一定名人气质和影响力的非名人，如深受青少年喜爱和尊重的同窗好友、长辈朋友等。作为榜样人物，他们虽然不具有社会名人的名气和感召力，却胜在贴近青少年，可随时给他们提供帮助和指导，促进其个性成长。而作为非名人，他们的特点就是生活在青少年身边，可与之直接交流思想。而在青少年心目中，他们可能是真正的人生偶像和动力源泉，但其实际价值也可能被夸大、神化甚至浪漫化。

纯榜样通常指青少年身边的人物，如父母师长、兄弟姐妹、同窗好友、邻居街坊等人物。作为榜样人物，他们可能平凡无比，与青少年相差不多，但他们却能在生活的具体方面实实在在地引导青少年成长，并赢得他们的尊重和信任。它说明，纯榜样人物对青少年的成长确实起到重大的作用。

班杜拉通过实验研究发现，青少年的榜样具有时代特点，他们自然而然地对各个时期不同领域的杰出人物进行模仿学习。这些杰出人物从衣着、语言到人生观和价值观都会成为青少年模仿的对象，而这些模仿行为在某种程度上也可以反映出青少年的理想特质和未来期望。可以说，青少年的偶像崇拜行为在一定程度上是他们进行自我社会化的必然需要。

划分上述四类偶像和榜样人物，不但可以进一步区分偶像和榜样之间的概念差异，而且可以更好地了解青少年偶像和榜样选择中的广泛空间，以更好地帮助人们选择、认同其生活中的关键人物。偶像和榜样并非截然不同，他们之间存在着一个极为广泛的缓冲区域，若能使青少年看到这一步，则其生活中值得敬佩和认同的人物将会大大增加。事实上，一般成年人的偶像和榜样结构类似一个底大顶小的金字塔。位于金字塔最底层的是生活中形形色色的纯榜样人物，他们大多是平凡之人，却以其某些非凡之处而令人敬佩；上一层是相当数目的偶像型榜样人物，他们也是凡人，却具有某些特殊的气质和精神令人敬佩；再上一层是一定数目的榜样型偶像人物，他们是社会名人，多以其特殊的气质和成就来感召他人；最顶层是少数纯偶像人物，他们具有非凡的气质和魅力，可深深地影响他人的一生。这种金字塔结构突出表现了人们可以从各种人身上吸取生活的智慧和动力，而非要定位于某几个突出人物身上的特点，此可谓“人人为我师，我为人人师”之理。但是，由于青少年渴望个性的独立及情感替代人物的出现，他们往往过分关注少数纯偶像人物的言行举止，视他们为自己的“绝对英雄”和精神支柱。这种光环效应的结果，可导致部分青少年无限夸大少数“看得见，摸不着”之明星人物对自己的影响，而忽略了那些对自我成长起直接指导作用之身边人物的作用；使偶像人物的影响力大大超过其实际存在，也使榜样人物的实际存在远远不能与其影响相匹配。

榜样是样子、模样的意思，而现代意义上使用榜样多作“楷模、典型”理解，是褒义词，通常被认为是时代精神的象征，对青少年具有重大的教育意义。榜样学习更多的是侧重对该榜样身上所具有的特质进行学习模仿，而偶像崇拜则更加强调对某个人物的崇拜和模仿，二者对青少年成长也有不同的影响，前者是以人物特质为对象的实质性崇拜，属于理性崇拜，青少年会通过学习榜样的特质给其带来成长中的良性作用。后者聚焦于对人物本身的学习模仿，属于一种浅表性的模仿，容易导致极端的崇拜心理和非理性的崇拜行为，由此给青少年的心理和行为带来负面的影响[①]。

（2）榜样教育。榜样教育模式即榜样示范模式，是教育者根据教育目的，依据受教育者的身心发展特点，为其选择榜样，并以榜样的行为、道德品质、价值观念等影响受教育者，使之模仿榜样行为并形成与榜样相一致的道德品质和价值观念的过程。自 20 世纪 60 年代以来，学雷锋活动一直是实践榜样教育模式的典范。然而，随着时代的发展变化和教育对象特性的变化，学雷锋活动在榜样教育实施过程中也遇到些问题。传统的榜

① 岳晓东．青少年偶像崇拜与榜样学习的异同分析［J］．青年研究，1999（7）：1-9.

样教育一般采用宣教式、客体性的教育模式，说教方式多，而践履体验少。当前，改革原有的榜样教育模式，建构有包容性的、内发性的、生活化的、适用面广的、主体性的榜样教育模式是增强榜样教育实效性的必要条件，也是推进学雷锋活动常态化、成效化的必要手段。

从榜样教育看，对榜样的形象选择、塑造与解读要切合社会发展需要以及受教育者成长和全面发展的内在要求。榜样教育是以榜样形象为价值载体和核心内容的教育。在古今中外的教育实践中，榜样教育通过树立榜样形象，发扬和倡导其所代表的品质和道德精神在一代代受教育者群体中产生巨大的激励作用和示范效应，成为一种有效的教育方式。进入21世纪后，榜样作为崇高的人格形象依然为当代人所学习，而榜样的价值内涵如果不能与时俱进，对于追求个性发展、求同存异的新一代受教育者来说，没有任何新鲜感，无法吸引其注意力，难以感染和引导他们进行模仿。

在许多国家盛行的服务学习理论，是一种把受教育者的理论学习与社会服务相结合的理论。具体来说，服务学习是一种以受教育者为中心，将社区服务与知识学习结合起来的开放式的教育方式，受教育者在服务中运用所学知识,并反思服务过程,在反思中进一步识得未来生活所需要的知识，同时形成社会责任感。国外的许多研究结果表明，参加社区服务或服务学习项目的受教育者，大多在一定程度上强化了自身公民责任感与义务感。

榜样教育应该起到价值引领和道德示范的作用。榜样教育模式中的价值引导是通过榜样的实际行为和榜样行为所蕴含的精神告诉受教育者什么价值是正确的、先进的、高尚的，什么是社会需要的，什么是受教育者所应该追求的，从而让受教育者在榜样的示范下自己作出正确的选择。

（3）榜样教育的心理机制——观察学习理论的应用。所谓观察学习，就是学习者在社会交往中仅对榜样人物的示范行为进行观察，无需直接强化的学习。许多研究结果表明，受教育者不是榜样知识的被动接受者，榜样教育的效果有赖于学习者的主观状况和心理活动，以它落在什么样的“心理基地”上为转移。科学认知和准确把握学习主体的心理过程，才能使榜样教育有规律可循、有的放矢，做到知己知彼、对症下药，同时也是制定榜样教育相关对策的基础和前提①。

榜样教育的心理机制体现为：“动机—认知—情感共鸣—内化—外化—创新”这一过程。

① 动机。动机是引起和维持个体的活动，并使活动朝向某一目标的心理过程或内部动力。学习动机是直接推动学生进行学习的一种内部力量，是激励和指引学生进行学习的一种需要。动机是在内在需要和外在诱因共同作用下产生的。

第一，动机产生的内部条件。需要是动机产生的内部条件，是个体行为积极性的源泉。因此，榜样教育研究要从人们的需要出发。马克思指出，在现实世界中，个人有许多需要，他们的需要即他们的本性。尊重的需要是对自己的尊严和价值的追求，每个人都十分重视他人对自己的看法，希望得到他人和社会的高度评价。人从出生时的生物个体，发展为掌握社会角色和行为规范的社会个体，完成社会化。社会化包含两方面：一方面，从社会视角看，是社会对个体进行教化的过程。另一方面，从个体视角看，

---

① 袁文斌，刘普．榜样教育的理论依据与心理机制［J］．河北大学学报（哲学社会科学版），2010（1）：122-127.

是个体与其他社会成员互动，成为合格的社会成员的过程。模仿是社会互动的一种重要的心理力量。在个体发展过程中，接受社会的各种影响，选择符合自己的需要。榜样的出现，给个体提供了参照的标准，树立了奋斗的目标，激发起内部的动力，引起个体的行为。

第二，动机产生的外在条件。引起动机的外在条件就是能够引起个体动机并满足个体需要的外在刺激，即诱因。榜样教育就是通过榜样的示范作用把高深的政治思想原理和抽象的榜样规范具体化、人格化，使受教育者通过鲜明、生动、形象的榜样作用受到激励、感染和熏陶，从而树立起奋斗目标，朝着至高、至善、至美的方向努力，最终完善自己的人格。在这一过程中，榜样就是学习的内容，就是引起榜样学习的外在刺激，因此榜样的选择至关重要。

② 认知。认知过程是人在认识、反映客观事物时的心理活动过程，包括感觉、知觉、记忆、思维和想象，是人由表及里、由现象到本质地反映客观事物的特性与联系的心理活动。认知是一切心理关系的基础，人的认识都是从感性到理性、从现象到本质的。

班杜拉非常重视认知对行为的影响，他认为："人用符号和预见来指导自己未来的行为"[①]。当面对新问题时，人们会想象可能的结果，估计可能性，设置目标，并想出解决办法。人的认知发展有一定的规律，不少心理学家在这方面做过研究。认知是以一定的心理发展为基础的，榜样教育应遵循人的认知发展的规律，如果忽视了学生认知发展的特点和规律，

---

① BURGER J M．人格心理学［M］．8版．陈会昌，等译．北京：中国轻工业出版社，2010：278.

榜样教育就成了无源之水、无本之木。

③ 情感共鸣。情绪和情感是人对客观事物的态度体验及相应的行为反应，是人对客观事物是否满足自身物质和精神上的需要而产生的主观体验。认知是情绪和情感产生的基础，但情绪和情感又不同于认知过程，认知过程是对客观事物本身的反映，而情绪和情感反映的是客观事物与人的主观需要之间的关系。一般而言，需要得到满足，就会引起积极的情绪和情感；需要得不到满足，就会产生消极的情绪和情感。

“人的各种需要是行为动机产生的基础和主要来源，而情绪和情感是需要是否得到满足的主观体验，它们能激励人的行为，改变行为效率”[①]。一般而言，积极的情绪状态会成为行为的积极诱因，当人们对某一事物或人抱有好感时，接受、认同、选择这一事物或人就比较容易，情绪的偏好是影响知觉选择性的因素之一，如果榜样能引起学习者的兴趣，能使学习者产生情感共鸣，学习者就会积极主动地进行学习。在一定条件下，一些消极的情绪体验也能成为学习者进行学习的动力，因为情绪体验具有信号放大作用，能让学习者意识到榜样学习的紧迫性和必要性。

这大致有两种情况。一是在相对比较和外在压力下，当与社会榜样、他人或社会要求进行比较时，学生虽然能通过认识活动意识到自身与榜样人物、他人和社会要求的差距，但内疚和惧怕等体验会放大这一差距，使学生对此的认识更加深刻、更易产生榜样学习的动力。二是当原有榜样知识不足或与现实情境发生矛盾时，学生处于认知失调状态，并体验到焦虑

① 叶奕乾，何存道，梁宁建．普通心理学［M］．2版．上海：华东师范大学出版社，1997.

和痛苦等消极情绪。在消极体验与认知的共同作用下，学生就会尽力思考改变现状的出路”[①]。

认知因素和情绪、情感因素都会影响学生对榜样的接受，认知因素主要解决学习者“能不能”接受的问题，主要通过“晓之以理”；情绪、情感因素主要解决“愿不愿”接受的问题。心理学研究结果表明，情绪与认知的最大不同在于，学习者在榜样认同过程中产生的情绪体验，直接反映了这些榜样对学习者所具有的主观意义，而且更加具有内在性和直接性，从而比认知更能影响学习者对榜样接受与否的态度。由于榜样教育比一般的教育包含更多的关于价值、态度和情绪体验内容，因此，在榜样教育中，情绪、情感对学习者接受榜样的影响作用更加突出，这就要求榜样教育应充分重视情绪、情感因素，真正做到“动之以情”。

④ 内化。内化(internalization)是将看、听、想等思维观点经过内证实践，所领悟出的具有客观价值的认知体系。换言之，内化就是在思想观点上与他人的思想观点相一致，自己所认同的新的思想和自己原有的观点、信念结合在一起，构成一个统一的态度体系。这种态度是持久的，并且成为自己人格的一部分。最成熟的内化水平称为“自我同一性”，它反映了将内射和认同共同塑造到自我和他人的一致性形象中。

事实上，内化理论是精神分析理论对其核心机制进行解释的基础。通过内化，治疗性联盟被建立起来，并且最终使治疗产生了效果。如同诺维指出的，除了分析师的解释性角色，将分析师内化为一个新客体表象是分

① 王云强．情绪体验对榜样认知的影响及其德育价值研究［D］．南京：南京师范大学，2004.

析性治疗过程的重要部分。

人是一个能动的主体。在不断与客观世界的相互作用过程中，主体积累了一定的知识经验和能力，并在头脑中以观念的方式形成一种相对稳定的认知结构。人的认知结构是一个能动的系统，它是发展变化的，具有自我调节、自我完善的能力，它可以不断地理解和接纳新事物、解决新问题、适应新环境。心理学家皮亚杰认为，任何外部（刺激）影响都是通过“同化”和“顺应”这两种机能而被接受到主体认知结构中来的。同化是指主体认知结构对外部刺激进行过滤或改变而把它接纳到认知结构中来，而认知结构在同化外部刺激的过程中，自身结构也发生相应的改变，即顺应。同化和顺应实质上是同一心理过程的两个方面。

通过分析内化过程，特别是复杂内化过程可以看出，外部刺激内化的关键是刺激的发出者要揭示主体认知结构内部观念之间的矛盾，并使其中与外部刺激一致的矛盾一方发展成为优势等级观念。这一原理的实质正如费斯汀格所言，改变人们观念的方法只是现象，实质上是共同化了人们已有的认同点。这个认同点即主体认知结构中与外部刺激一致的观念[①]。

榜样教育的关键环节在于榜样内化。所谓榜样内化，就是将社会提出的榜样品质和行为转化为个体的品质和行为。榜样内化包括三个环节：一是客观的社会榜样规范。个体通过学习，在思想和心理上产生认知与认同，进而掌握这些榜样规范的知识和要求。二是个体在多元化价值观的冲突中，学习榜样判断和榜样选择。三是个体积极参与社会榜样实践，做出由内而

---

① 内化［EB/OL］.［2020-10-20］.https：//www.uuuwell.com/mytag.php?id=27989.

外的、发自内心的、自觉自愿的榜样行为。因而，内化实际上就是个体学习榜样、认同榜样、践行榜样行为，把榜样行为转化为自愿自觉的行为，使自己的行为不断完善的过程。

榜样教育成效的重要体现是受教育者的知行转化，将学习“榜样”内化于心、外化于行。每一个榜样人物都看似朴实无华，却都有着高尚的道德情操、舍己为人的精神境界，榜样的力量让人们在感动之余，精神为之一振，以榜样为目标、对标先进的想法油然而生。目前，在榜样教育中存在内化与外化、知与行脱节的现象。现实生活中，人们在称颂高尚主义、诚信的时候，其个人的行为出发点却是趋利避害，出于对个人利害得失的权衡，谴责和批评坏人坏事，但当事情发生时却置若罔闻、无动于衷。

榜样教育只有使大学生将榜样所代表的价值观念内化为自己的坚定信念，形成自觉自愿的意识，才能指导大学生的行为。内化的关键是形成对接受客体的坚定信念。信念的形成也是一个情感体验的过程，只有当接受主体的认识与其相应的情感体验产生共鸣时，才能产生信念。教育的本质不是“制约”，而是“解放”；不是“规范和约束”，而是“引导和激励”。因此，榜样教育应在教育者的指导下，帮助受教育者自主内化榜样的精神品质。

皮亚杰认为，内化是通过两种形式实现的。一种是同化，即把环境因素纳入机体已有的图式或结构之中，这只能引起图式的量的变化，不能引起图式的改变和创新。另一种是顺应，即改变主体原有图式的结构，形成新的图式，顺应是质量上的变化，能促进创立新图式或调整原有图式。由于个体客观存在的差异性，以及成长环境和经历各不相同，所以榜样内化的程度、效果并不一样。面对同样的榜样教育，学习者的表现并非一致，这是由于个体所接受的、认知的、内化的程度不同。所以，榜样教育就要结合不同群体、不同个体的具体情况，认真研究榜样内化的特点和规律。

首先，榜样内化受社会环境和文化机制的影响。不同社会、不同时代、不同发展阶段的人们，其榜样思想水平总是和当时的经济、政治、文化密切地联系在一起。除了社会这一大环境外，家庭、学校的榜样氛围和文化环境，对个体榜样内化也产生着巨大的影响。

其次，要根据个体的年龄特点、智力水平、心理素质、成长环境等情况，研究榜样内化的特点和规律。例如，对中小学生进行榜样教育，就要结合中小学生的认知及心理特点，使他们在做中学、学中做，在生活中学习榜样，在生活中践履榜样，在践履中体验榜样、感悟榜样。任何脱离他们实际生活的教条式的说教都不利于榜样内化。对于成人，他们在千差万别的职业中学习、工作、生活，榜样内化的情感体验、模式都不一样，榜样教育就要认真研究他们的特点，从中找出有效的教育模式。

⑤ 外化。人本主义心理学家马斯洛认为，凡是有机体都具有一定的内在倾向，即以有助于维持和增强机体的方式来发展自我的潜能，并强调人的基本需要都是由人的潜在能量决定的。马斯洛还认为，生理的、安全的、尊重的、归属的、自我实现的需要都是天赋的、人的基本需要，似本能的需要是人性，他们是善良的或中性的。恶不是人性固有的，它是由于人的基本需要受挫引起的，或是由不良的文化环境造成的。每个大学生都有对美、真理、正义等高级价值的本能需要，在良好的条件下，人们渴望表现出这些高贵品质，如爱、友善、慷慨、诚实、正直和信任等。人本主义心

理学的另一个代表人物罗杰斯认为，每个人都有朝着健康方向发展、成长、变化的潜能，这种潜能会引导人的行为，达到自我完善，这是自我实现的倾向，正是这种倾向使人朝向普遍积极和健康的行为方式。因此，受教育者本身具有榜样行为表现的潜能，教育者应充分引导，促进学习者的行为表现。

第一，给予积极关注。罗杰斯认为，所有的人都有一种希望获得积极看待的需要，这种需要包含了要求获得他人或自己关注、赞赏、接受、尊敬、同情、温暖与爱。最初这种积极看待来源于其他人，尤其是身边重要的人，随着自我的发展，积极看待的提供者转向自己，即个体能够自我珍重、接受自己、奖赏自己。因此，在儿童自我还未完善时，需要家长、教师、社会中的他人对儿童的"好行为"给予积极看待，逐渐让儿童懂得什么事应该做、什么事不应该做。

第二，对榜样行为给予积极反馈。班杜拉认为，榜样行为是否受到强化以及受到什么样的强化并不影响模仿者的学习，而对学习者是否将已经学会的行为表现出来起着重要的作用。由此可见，榜样的真正威力和魅力在于人们效仿榜样之后的收益[①]。因此，社会应给榜样行为以适当的奖励。

⑥ 行为创新。模仿是人类认识外部世界和形成行为方式的主要途径。早在2000多年前，亚里士多德就说过："人是最富于模仿性的生物，人是借助模仿来学习他最早的功课的"。模仿与创新密切相连，一般地，创

① 张茹粉．榜样教育的理性诉求［J］．河南师范大学学报（哲学社会科学版），2008（2）：216-219.

新是以模仿为基础，创新是模仿的升华。创新对于国家富强和民族振兴具有十分重要的意义，对于个体的发展和自我超越具有非常重要的作用。江泽民曾多次强调，创新是一个民族的灵魂、一个国家兴旺发达的不竭动力；科技的进步、知识的创新越来越决定着一个国家、一个民族的发展进程。

创新，根本的一条就是靠教育、靠人才。创新是人的创造力的体现，以创造力为前提和基础。创造力是人的一种能力，是人本来就有的天性，通过后天的教育和社会实践逐渐发展与成熟。创造力是人的天性通过教育和社会实践逐渐发展与成熟的，其中教育起着非常重要的作用。创造能力是在模仿能力的基础上发展起来的，人们一般总是先模仿，再创造。模仿可以说是创造的前提和基础，创造是模仿的发展。榜样教育为学习者提供了模仿的对象，榜样教育的目的是让学习者通过模仿榜样的行为，内化榜样所代表的价值观和社会榜样标准，形成自己的价值体系，指导自己的行为。

创新是每个人的权利，自我实现的需要是每个人的需要。学习者要勇于创新，勇于超越前人、超越自我，同时也是在创造新的自我。创新，是学习者的愿望表达和学习的必然归宿①。在榜样教育中，教育者要善于调动学生的创新潜能，激发学生的创新意识，满足学生的创新需要。

（4）国内外榜样研究综述。

①国内榜样研究。国内很多学者关于榜样研究有如下四种观点。第一，榜样教育是道德教育的一种方法。如王道俊、王汉澜提出，榜样是通过学

---

① 陈平．论学习的结构和要素［J］．湖南社会科学，2004（3）：135-136.

习他人高尚思想、规范行为和卓越成绩来教育学生品德的方法。第二，榜样是楷模[①]。王海明把榜样解读为楷模的典范，是一定阶级理想人格的典型和楷模，其行为集中体现了一定社会、一定阶级的榜样原则和规范[②]。第三，榜样是一种政治工具。从政治学角度，榜样是国家和社会政治治理的工具，为政治权威的延伸。冯仕政和苗春凤指出，榜样作为一种权利的象征符号，是中国共产党发挥政治权力和发展政治文化的一种重要方式[③④]。第四，榜样是一种行为标准。从社会学角度，榜样就是模仿他人的行为。人们通过对榜样行为和思想等方面的模仿，使其行为符合社会榜样的要求，这样更易于实现个体的社会化[⑤]。榜样要有文化修养、高尚的品格、较高的审美品位、温文尔雅，并且重视榜样传统和社会利益[⑥]。

有研究者针对榜样、情绪对学生品德形成的影响作了相当深入的研究，结果发现，榜样和情绪对学生品德的形成起着重要的作用[⑦⑧]。作为一种重要的德育方法，榜样教育在社会转型期面临一些困境。根据时代特点和青少年的思想、行为特点，多元化时代的榜样教育要遵循需要推动、心理认同、情感共鸣、价值契合、行为模仿、升华超越的路径[⑨]。

---

① 王道俊，王汉澜．教育学［M］．北京：人民教育出版社，1989.

② 王海明．论道德榜样［J］．贵州社会科学，2007（3）：4-7.

③ 冯仕政．典型：一个政治社会学的研究［J］．学海，2003（3）：124-128.

④ 苗春凤．典型中国：当代中国社会树典型活动研究［D］．上海：上海大学，2009.

⑤ 袁丽华．道德榜样的现代价值及其实践研究［D］．石家庄：河北师范大学，2009.

⑥ 陈立新．浅议道德典范人物问题［J］．道德与文明，1998（4）：37-38.

⑦ 章志光．学生品德形成新探［M］．北京：北京师范大学出版社，1993.

⑧ 王苗苗．我国榜样教育发展研究［D］．兰州：西北师范大学，2013.

⑨ 范树成．多元化时代榜样教育的困境与出路［J］．中国德育，2012（6）：13-15.

有研究者对偶像崇拜与榜样学习进行了辨析。青少年偶像崇拜与其榜样学习都属于社会学习范畴，这种学习过程主要分为心理认同、情感依赖及学习模仿三个阶段。这实际上是和 ABC 理论的观点相同的。通过认知的中介，人们更加理性地理解榜样的精神实质和时代内涵，并有选择性地把它纳入自己的价值体系或使其升华，成为自己信念的一部分，并用于指导自己的行为，通过实践把“观念的存在”变成“现实的存在”。可见，认知条件对榜样教育是至关重要的，榜样教育要充分整合认知因素，充分拓展认知空间，充分调动观察者的积极性，使观察者由沉睡走向觉醒、由盲目走向理性、由被动走向主动，从而使榜样教育发挥最大的教育效果。

钦佩感是对优秀他人或榜样的一种高度喜欢和尊敬，是看到他人的优秀行为或品质时所产生的一种积极情绪，其典型成分是欣赏和鼓舞。在日常生活中，人们往往对榜样产生钦佩感。榜样是指那些因优秀品质或杰出成就而出名的人。人们感知榜样的价值观、标准和行为倾向，将其整合成为自己的认知图式，这些认知图式成为人们在各种社会情境中以适宜方式行动的模板。他人的优秀能力、美德、积极态度、自我提升动机、成就、心理修养、相似的价值观等因素是引起人们钦佩感的外因，或者说情绪刺激。钦佩感具有激励作用，提高自我效能感和结果期望并影响其职业意向，激发个体的亲社会动机与行为①。

我国传统哲学很早就注意到榜样教育的意义，认为榜样具有对照、激励和矫正等作用，对他人的言行起到引导和示范作用，“见贤思齐焉，见

---

① 陈世民，吴宝沛，方 杰，等．钦佩感：一种见贤思齐的积极情绪［J］．心理科学进展，2011（11）：1667-1674.

不贤而内自省也。”讲的就是一种外学与内省的结合[①]。

长期以来，我国将榜样教育作为一种重要的德育教育方法，确实取得了很大的成效。榜样教育中树立的人们耳熟能详的人物在青少年中产生了强大的示范效应，影响和教育了一代又一代青少年。传统的榜样是由老师指引、学校树立并告诉学生对与错。这种树立榜样的过程往往缺乏学生的自主性选择和情感方面的认同。青春期的学生都有一定程度的逆反心理，这种树立榜样的方式会起到相反的作用。在社会转型期，随着多元化的发展和社会环境的改变，青少年的价值标准、需要层次和类型、发展愿望都在发生着嬗变，传统的榜样教育已无法完全适应当前社会和青少年思想及行为的变化，榜样教育面临困境，亟须改革和完善。

第一，多元化时代榜样教育面临的困境。

首先，价值标准和需要的多元化使传统榜样受到冷遇。在传统社会，价值标准相对单一，国家和学校衡量榜样的标准就是青少年衡量榜样的标准，国家和学校给青少年树立的榜样也就是青少年认同的榜样。但在多元化时代，人们的价值标准呈现出多元化，不同的人有不同的价值观，人们不再单纯地用政治标准和道德标准评价人的价值，对榜样的选择、认定也随着价值标准的多元化而呈现出多样性。榜样的多样化使传统的榜样受到冷遇，甚至在一些青少年心目中失去了往日的光彩，影响力减弱，传统的榜样教育受到了严峻挑战。

其次，大众文化的流行使偶像崇拜冲击榜样教育，传统榜样被边缘化。

① 李述永．榜样教育的心理学分析［D］．武汉：华中师范大学，2004.

多元化时代也是大众文化流行的时代。大众文化是一种通俗性、娱乐性、时尚性、流行性、商业性的文化，它借助大众传媒这一载体广泛传播和流行。当今社会，市井文化、网络文化、快餐文化、消遣文化、山寨文化大行其道，大众文化的潮流正在拨动着青少年追求时尚的心弦，电影、电视剧、流行歌曲、实时更新的网络、街头林立的广告，使青少年置身于无处不在的大众文化影响之中。

最后，后现代主义的躲避崇高使榜样教育面临两难。伴随着多元文化的发展，后现代主义思潮在我国也开始流行。后现代主义反对传统文化的一元性、超越性、崇高性、完美性，主张多元化、平面化、世俗性、非崇高性、非神圣性、不完美性，这给以追求崇高理想为目标的榜样教育带来极大的负面影响，使一些青少年对传统榜样的认同度下降，甚至拒斥传统的榜样。我国传统的榜样教育所选择的榜样都是道德上近乎完美的，而在后现代主义思潮影响下，高尚的榜样在一些青少年眼里是虚幻的、高不可攀的，而偶像的生活化、普通化、人性化则能给人以亲近感和真实感，迎合了一些青少年躲避崇高的心理。

第二，榜样教育存在的问题。

首先，榜样过于追求完美，远离生活。受传统榜样教育理念的影响，选择的榜样在一定程度上被束缚在完美化、模式化的框框中。在榜样教育中选择和树立的往往是“高大全”式的无我、忘我的完美型榜样，这样的榜样虽然感人至深，但由于其高不可攀，往往使大多数人敬而远之，使榜样失去了可学性，形成了感动而不行动的局面。

其次，榜样类型单一，不能满足多样化需要。长期以来，在榜样教育中，人们选树的榜样基本上都是著名人物。有学者曾对武汉出版社出版的《思想政治》教材中榜样人物的类别进行了统计：76% 的榜样是著名人物，普通人还不到 18%；在职业分布上，科学家占 21%，政治领导人占 22%①。选入教材的人物职业类型存在两种偏差：一是少数几种职业出现频率较高，如科学家和政治家，分别占 21% 和 22%；二是涉及的职业种类不够全面，尤其是学生在日常生活中经常接触到的职业涉及较少②。

再次，教育方法陈旧，难以激发青少年的学习欲望。传统的榜样教育方式单一，主要采用简单说教的方法，这种方法对榜样的阐释往往高、大、空，脱离生活，脱离青少年需要。

最后，工具理性导致榜样学习出现异化。一是榜样学习的功利化。一些青少年将榜样学习当成手段，用仿效榜样的行为来换取各种各样的利益和好处。二是榜样学习的任务化。有的青少年学习榜样是由于学校布置了任务，必须完成，以至于在学习榜样时敷衍塞责。三是榜样学习的表演化与形式化。这在学校和青少年身上均有表现。四是非道德化。由于榜样学习的功利化、任务化，导致有的青少年用非道德的手段学习榜样。

榜样教育应遵循的原则及实施路径如下。

多元化时代，根据时代特点和青少年的思想、行为特点，榜样教育要遵循需要推动、心理认同、情感共鸣、价值契合、行为模仿、升华超越的路径。

首先，变偶像为榜样。要善于利用青少年偶像崇拜心理，达到榜样教

① 唐雪，何勇平．新时期榜样教育：问题与对策［J］．重庆工商大学学报（社会科学版），2010（1）：158-160.

② 赵平．榜样教育的问题与对策［J］．教学与管理，2007（16）：43-45.

育的目的。偶像与榜样具有一些共同点，他们都是青少年模仿的对象，是青少年追求自我的一种形式。这种共同点有助于通过正确引导，将青少年的偶像崇拜迁移到对榜样的学习。不同之处在于：一是偶像是青少年不自觉选择的，或是根据自己发展的需要自主选择的，偶像在青少年眼中显得更形象、生动、亲切，类型也更多样，可以满足不同青少年的需要和价值追求；而榜样是从外部选树的，体现的是党和国家、学校、教师的需要与意志。二是偶像由青少年自己解释并模仿，模仿行为往往具有外表性和盲目性；而榜样是由国家或教育者进行宣传和解释的，体现了国家和教育者对榜样的认识与对人们行为的引导，具有自觉性。三是偶像崇拜多是基于感性，而榜样教育则基于理性。必须充分利用青少年的偶像崇拜，因势利导，变偶像为榜样，促进青少年的健康成长。

其次，变单一的榜样为多样化的榜样。榜样的多样化应表现为：榜样所属领域的多样化（包括政治、经济、文化、社会生活、知识学习、科学研究等领域）、榜样类型多样化（工人、农民、政治家、军事家、科学家、企业家、歌星等）、个性化（突出榜样的个性）。

最后，变单一的方法为多元化教育方法。第一，变简单说教为对话引导。教师要通过师生平等对话，心平气和地引导学生，以调动学生学习榜样的积极性和自觉性，以榜样的人性化、个性化、时代化、生活化、真实化和榜样宣传的客观性、辩证性激发青少年的情感，通过榜样的可亲性、可敬性、可信性、可学性引发青少年的情感共鸣和心理认同，在实际行动中学习榜样。第二，引导学生由单纯模仿外在行为升华为对榜样优秀品质的学习与创新，避免榜样学习的形式化、表面化。第三，充分利用电视、网络等现代大众传媒，生动、形象地宣传榜样，扩大榜样教育的影响面。

② 国外榜样研究。国外学者注重榜样在社会实践中的运用，有以下两种观点。第一，榜样是一种学习方法。班杜拉认为，人们学习的途径依赖观察他人的行为习惯及其结果而产生的一种替代性、直接经验的学习方法，这种替代学习能力是人的基本能力之一，观察者可通过观察和模仿而获得[①]。第二，榜样是榜样教育的方法。康德在《教育学》中强调，人们应该通过榜样教给孩子应该履行的义务，以此来培养孩子的榜样品质[②]。苏霍姆林斯基认为，受教育者是教育者的一面镜子，教育的艺术水平在于，教师要善于从“镜子”中看到自己，每个教师应该是学生精神世界的榜样、知识的导航者以及表里如一的行为表率[③]。只有这样，教师才有了榜样的权利去教育学生，才能够成为学生榜样学习的指路人。

申克（Schunk）介绍了榜样在技能培训、自我效能感提升、矫正教育中的重要作用。结果表明，由经验丰富的教师在小组中进行的短期强化支持学习显著降低了学生的流失率，促进了学生情绪智力的发展，增强了学习自我效能感，促进了应对策略的使用[④]。

---

① 阿伯特·班杜拉．社会学习心理学［M］．郭占基，译．长春：吉林教育出版社，2003.

② 伊曼努尔·康德．康德著作全集：第9卷［M］．李秋零，编译．北京：中国人民大学出版社，2012.

③ 《湖南教育》编辑部．苏霍姆林斯基教育思想概述［M］．长沙：湖南教育出版社，1983.

④ SCHUNK D H. Self-efficacy and cognitive achievement［C］// Proceedings of the 95th Annual Convention of the American Psychological Association. New York，1987.

3.2.2 明星崇拜的研究方法

针对偶像崇拜的研究，国内外学者采用的方法主要有定量研究和定性研究两类。

3.2.2.1 定量研究

问卷调查法是目前运用比较广泛的一种定量研究方法，此方法可以如实地反映某一群体的偶像崇拜现状。由于目前国内外没有统一权威的测量中学生偶像崇拜现状的问卷，研究者多为自编问卷。问卷设有单项和多项选择，问卷项目设计比较全面，但由于问卷未经过信效度的检验，数据采用频数统计等简单的描述性统计方法，量化程度不够。南开大学李强等编制了信效度较高的“中学生偶像崇拜特征”问卷，分为认同、情感、行为三大因素，并进行了性别、年级的差异分析。这份问卷侧重测量中学生的偶像崇拜程度[①]。石晓辉则从偶像崇拜类型、偶像崇拜原因、偶像崇拜的影响三个方面编制了“中学生偶像崇拜问卷”，分析了中学生偶像崇拜的现状及其发展趋势，信效度比较高[②]。

3.2.2.2 定性研究

个案访谈和书信内容分析法是对问卷调查法的进一步补充与深化，旨在研究某一个小群体的偶像崇拜心理[③]。郝玉章、风笑天采用内容分析的

---

① 李强，韩丁．中学生偶像崇拜特征及其与自我评价关系研究［J］．心理发展与教育，2004（3）：23-26.

② 石晓辉．中学生偶像崇拜现状及其发展性研究〔D〕．南京：南京师范大学，2004.

③ 宋兴川，金盛华．多元选择：青少年偶像崇拜研究［J］．青年研究，2002（11）：1-7.

方法，从赵薇影迷的207封书信入手，分析了青少年偶像崇拜的原因、内容和特点[①]。

3.2.2.3 定量与定性相结合的研究

展梦雪以极具代表性的中国韩流粉丝为调查对象，基于文献分析、深度访谈、问卷调查、数理统计、结构方程模型等定性与定量相结合的方法，研究偶像崇拜亚文化背景下韩流粉丝赴韩旅游意向的特征及影响因素[②]。

3.2.3 明星崇拜的研究现状

3.2.3.1 明星崇拜的历史变迁

明星崇拜是一种典型的偶像崇拜，偶像崇拜是一种正常的社会现象，人类历史发展的不同时期都会产生不同的时代偶像，任何人、任何物都有可能成为人们崇拜的对象。人类的崇拜对象也经历了不断的发展变化，原始社会的崇拜对象多为自然崇拜，如一棵树、一片草原等，后来出现了图腾崇拜、鬼神崇拜、祖先崇拜，文明时代又出现了英雄崇拜、明星崇拜等[③]。

偶像崇拜是人类社会非常普遍的文化心理现象，不同的时代有不同的

---

① 郝玉章，风笑天．青少年的偶像崇拜：207封“赵薇迷”信件的社会学分析［J］．青年研究，2000（4）：22-29.

② 展梦雪．偶像崇拜亚文化对旅游意向的影响研究：以中国韩流粉丝为例［D］．南京：南京师范大学，2017.

③ 杨林．当代我国青少年偶像崇拜及其伦理引导［D］．石家庄：河北师范大学，2017.

偶像和偶像崇拜方式①。偶像崇拜作为流行文化的重要表征，其崇拜类型的变化皆源于“时势”②。青少年偶像崇拜是一种历史现象，显示出一个时代的烙印。偶像崇拜的变迁，不仅反映出人们思想行为的变化，也折射出社会时代的转变。社会变迁是指文化类型、社会结构与社会行为在一段时间内的变化。社会文化的静态和稳定性是相对的，而变迁才是社会常态，社会变迁体现了社会发展演变的有机状态。由于宏观社会与微观个体是密不可分的整体，对于社会变迁问题的研究，自然地形成了两种视角，分别具有不同的研究意义。青少年偶像崇拜具有鲜明的时代特征，与社会文化紧密相关。众多学者都曾关注过青少年偶像崇拜的变迁。我国社会的每个年代都出现了各种带有不同时代烙印的偶像典型，如早期的“宗教崇拜—圣人崇拜—理性崇拜”；新中国成立后，偶像崇拜展现了从“英模崇拜—领袖崇拜—‘三星’崇拜—平民偶像崇拜”这样一条具有鲜明时代特征和文化潮流的偶像变迁之路。

（1）早期的偶像崇拜。我国社会从来不缺少偶像崇拜。在五四运动之前，是对孔子等儒家文化代表人物的圣人崇拜，也有对苏东坡、韩愈等文学代表人物的文人崇拜。这是一种中国式的崇拜，即以对伟大人物的人格、学问及修养所产生的权威慑服后代的崇拜，当然，其中不免有中国封建社会所造成的盲目崇拜甚至迷信神化的成分。随着认识的发展和社会的进步，人的理性力量逐步被现实所证实，理性征服了自然力，人类不靠神

---

① 王庆．当代在校青少年偶像崇拜行为研究［D］．长沙：湖南师范大学，2009.

② 温海玲．时势造偶像：解析青年偶像崇拜现象的变迁［J］．中国青年研究，2008（8）：68-72.

灵和权威，只靠自己的智慧和力量就能创造出一个光辉的现实世界，于是，宗教崇拜与圣人崇拜发展到理性崇拜。在清末民初的中国，偶像仍然代表着统治的权威。从五四运动开始，我国思想界出现了打破偶像，追求科学与民主的思想潮流。宗教崇拜以及宗教式的圣人崇拜被质疑和推翻，但新的偶像并没有树立起来。

（2）新中国成立后的偶像崇拜。

① 英雄崇拜或榜样崇拜。新中国成立以来，受民国时期砸烂偶像思想的影响，偶像崇拜从意识到行为都处于较低的水平。对此，政府在反思历史的基础上，有意识地进行了偶像崇拜的鼓励和引导。鉴于当时的历史环境，我国建立了一套高度政治化、组织化的社会运行机制。随着建设社会主义新中国思想的不断宣传，偶像崇拜的对象受到政治宣传影响的专一性开始显现，偶像崇拜的对象主要以政治宣传为主，即新中国建设中各行各业的杰出人物，如焦裕禄、雷锋、王进喜等。他们与革命战争年代的英雄杨靖宇、董存瑞、黄继光等组成了一个甘于自我牺牲、具有突出奉献精神的新时代英雄群体，并且被强大的政治宣传精英化。20 世纪五六十年代是一个以革命英雄主义精神为特征的偶像年代，艰苦朴素、舍己为人、自力更生、献身国家是这一时期偶像的共同特征，突出反映了我国建设者共同的优秀品质。他们无私奉献、为国牺牲、艰苦奋斗的精神感动了几代人，成为几代中国人学习的榜样，并成为那个历史时期的标志。那个时期也是圣贤性偶像的黄金时代，每个偶像的出现都会形成全民性的影响，其普及程度是后来的偶像所不能企及的。它的盛况达到了这样的地步，即全国人民都在雷锋精神、铁人精神的感召下投身国家建设的洪流，年轻人都以研

读《雷锋日记》《钢铁是怎样炼成的》为自豪。此阶段的偶像注重草根性和相对性，然而，这些草根出身的人物很快地被政治宣传精英化，这一现象也反映出当时我国国民偶像崇拜文化的不成熟。对这些偶像的崇拜，都可称为英雄崇拜或榜样崇拜。在这几十年中，从社会榜样的楷模到个人爱慕的对象、从学习其精神到模仿其造型、从全民崇拜到理性思考，偶像从神坛跌落到人间，也在某种意义上从精神落实到实际。但无论如何，偶像都是广为人知的一群人，并成为许多人效仿的对象，他们的某种特质曾经或正在影响社会上的无数人，人们以疯狂或理性的方式喜爱、学习和怀念他们。

② 领袖崇拜。到 20 世纪 60 年代中后期，我国偶像崇拜的发展也经历了被政府高度引导的时期。由政治宣传为信息传播途径的偶像崇拜呈现出高度的专一性，偶像崇拜的对象高度集中于对创建国家做出卓越贡献的政治精英。从某种程度上讲，这一时期的圣贤性偶像崇拜是偶像崇拜低水平发展背景下的历史倒退。

③ “三星”崇拜。20 世纪 70 年代末，我国开始推行改革开放，青少年偶像崇拜现象逐渐从单一的红色崇拜向多元化崇拜发展。以多元化为发展的根本目的，同时又因为经验不足而容易误入歧途，这种多元化模式尽管有很大的发展潜力，但不够稳定。随着社会生活水平的不断提高，人们在满足自己物质生活需要的同时，更加倾向于追求自身的精神需要。此时，“文化大革命”宣告结束，高度集中的圣贤性偶像崇拜模式被打破，偶像崇拜再次陷入真空期。但是与新中国成立初期不同的是，改革开放思想弱化了政府对偶像崇拜的引导作用，偶像崇拜对象的选择实现了初步的自由

化。从80年代初到90年代末，随着市场经济体制的逐步建立，社会元素由同质单一性向异质多样性转型，人们对偶像的选择也由过去的被动接受向自主追求转变。“偶像”概念变得更加宽泛，它打破了单一的圣贤性偶像崇拜，也超越了传统学习型偶像的范围，增加了爱慕型的偶像。还有一种说法是，过去的英雄人物是生产型偶像，而现在出现了消费型偶像，即娱乐明星。另外，偶像的作用不再像昔日那样一呼百应、全民崇拜。从这一时期开始，青少年偶像崇拜对象的选择已经走向多元化[①]。20世纪90年代，娱乐性偶像崇拜开始在我国大陆风靡一时，“三星”崇拜成为这一时期偶像崇拜的核心。这一时期每个偶像持续的时间都越来越短，往往是“各领风骚两三年”，变换非常迅速。改革开放促进了我国文化娱乐产业的飞速发展，随之而来的是我国青少年的偶像崇拜类型也由20世纪50—80年代政府树立起来的公众模范和榜样人物，转变为如今的影视歌星、体育明星[②]。在实用主义泛滥的90年代，说自己崇拜比尔·盖茨的人比比皆是。对成功、财富的向往使一大批知识英雄、企业家成为青年的新偶像，而对他们的崇拜，可统称为杰出人物崇拜。

④ 平民偶像崇拜。21世纪，我国偶像崇拜的多元化发展已经开始进入理性的、稳定的阶段，表现出向理想型的成熟和完善状态发展的良好趋势。随着科技的不断发展，特别是网络的普及以及播客、博客的流行，整个文化的发展，特别是流行文化的发展已经由以前的自上而下传播转变成

① 宋兴川，金盛华 . 多元选择：青少年偶像崇拜研究［J］. 青年研究，2002（11）：1-7.

② 李可安 . 从社会心理学角度浅谈青少年偶像崇拜现象［J］. 山东青年，2015（6）：16-17.

更加发散的模式，人类的偶像崇拜也因此发生了本质性的变化，偶像崇拜越来越成为人类自我意识的产物，也越来越变得情绪化、平民化和生活化，偶像崇拜的现代形式更加凸显出多元化和个体化。周国文指出，在现代青少年的社会生活中，英雄榜样的地位逐渐被弱化，明星偶像的作用凸现出来，单一化的榜样已经让位于多元化的偶像，并且更多地体现了一种自由的意志。意识形态不可能再像以往那样以强迫的方式迫使大众被动接受，只能在竞争中通过自己独特的风格和魅力征服大众。过去意识形态的压力在当今社会已经通过大众文化逐步化解，最终成为个人的事情。有研究者对中学生偶像崇拜的调查结果显示，这一时期青少年偶像选择的顺序为明星、超女、杰出人物、政治人物、父母、自己、媒介及从业人员、虚拟人物、亲属、老师、同学和其他。其中出现的超女、自己、虚拟人物代表了网络传媒影响下的以个体意识觉醒和主动参与为特征的偶像崇拜新类型，即草根型偶像崇拜，非常值得注意。在“草根文化”兴起的时代，平民选秀节目的创办带来一批新偶像——平民偶像。席卷全国的《超级女声》节目将平民偶像崇拜推向一个新的高度，《超级女声》节目是湖南卫视主办的大众歌手选秀赛，在网络、电视、手机等媒介的推动下，凭借着“想唱就唱，唱得精彩”的口号，超级女声成为流行文化的一种符号象征，代表一种时尚潮流，喜欢追赶时髦的青少年甚至中老年人不约而同、一哄而上，使超级女声成为青少年流行文化的一大现象。在超女崇拜中，普通百姓可以选择崇拜，也可以不崇拜，甚至可以对这类崇拜提出批评。他们还可以随时改变崇拜对象，但不管他们的选择如何，都不会受到强制性束缚。另一方面，除了对成功的聚焦以外，因网络在社会生活中的普及而蹿红的一批“另类偶像”也越来越引起人们的关注。芙蓉姐姐、孔庆祥、网红李子柒等成为这类偶像的代表人物。几乎每个人都有与生俱来的明星梦，互联网的发展使明星梦得以通过“自助”的方式来完成，从而让“人人都能成为偶像”的说法在理论上变得可能。这其中的佼佼者通过网络和电视等媒体的推动，完成了一场麻雀变凤凰的蜕变。同时，其他类型的偶像崇拜也在21世纪获得了发展。传统文化中的圣贤重新得到了尊重；“三星”崇拜依然兴盛，但趋于理性；宗教自由的政策给予宗教性偶像崇拜以拓展的空间；大学教授这一象牙塔中的文化精英群体也走进大众视野，易中天、于丹等学者也拥有了大批粉丝①。

在当代审美文化语境下，在大众文化不断蔓延渗透的现实环境中，偶像已经跳脱出准宗教化而向商业化演变，在这一过程中，最为直接的表现就是类似泥塑土雕的神圣性偶像被各类消费化、媒介化的明星偶像所取代，这不仅与当代审美文化的不断演变密切相关，而且与迅速发展的消费文化、媒介文化密切相关。当现代偶像逐渐代替古代和传统的偶像时，人们不再一味地驻足于寺庙神坛之中进行膜拜，而是开始追逐各类偶像明星，通过电视节目、虚拟网络、明星演唱会、报纸杂志、音像制品、时尚消费等途径，全方位、多层次地感知偶像。无论是偶像还是人们的偶像崇拜心理，都有了一个由神向人的颠覆性改变。

自新中国成立以来，我国的偶像几经变迁，从最初的以董存瑞、焦裕禄、雷锋等英雄偶像为主的红色年代到如今以“平民偶像”为主的娱

---

① 岳晓东，梁潇．青少年偶像崇拜系列综述之五：论百年来中国大陆青少年偶像崇拜的变迁［J］．青年研究，2010（4）：70-79，95.

乐时代，偶像就如滚滚的浪潮一波又一波地冲击着大众的视线。偶像的变化不仅代表大众所观摩、模仿对象的变化，更深层次的是代表社会的意识形态以及大众的价值取向、审美眼光、消费观念、媒介环境的变化。俗话说，时势造英雄，现在成了时势造偶像，而贯穿我国近半个世纪的偶像变迁也强烈地折射着时代文化的巨大流变。综上所述，偶像崇拜在经过我国百年历史的变迁，呈现出两大特点。第一，偶像崇拜的对象范围在扩展。第二，偶像崇拜对象的构成模式趋向平衡稳定。具体而言，青少年偶像崇拜呈现出三种趋势，即由幼稚多元化走向成熟多元化，由激进走向理性，由迷恋西方价值观走向确立独立的价值观。

3.2.3.2 偶像崇拜的类型

（1）实质性偶像崇拜与表层性偶像崇拜。实质性偶像崇拜指以崇拜偶像的内在品质为核心内容，欣赏偶像的个人品质、性格能力等；表层性偶像崇拜指以崇拜偶像的外部特征为核心内容，主要欣赏偶像的外貌、身材等。青少年中主要以完全实质性偶像崇拜为主（占 40.5%），完全属于表层性崇拜的只有 1%，其他青少年的偶像崇拜模式呈现交叉性，既有表层性偶像崇拜，又有实质性偶像崇拜[①]。

（2）“三星（歌星、影星和体育明星）”崇拜最为突出，对草根明星的崇拜逐渐增多。根据偶像的职业，偶像崇拜可以分为“三星”崇拜或称明星偶像崇拜、杰出人物崇拜。因此，明星偶像崇拜是在偶像崇拜基础

---

① 董育硕，郭跃．青少年偶像崇拜行为特征及归因实证研究［J］．重庆师范大学学报（哲学社会科学版），2011（1）：121-124.

上发展起来的[①]，即在现代传媒社会中，在大众媒介运作下，个体对于娱乐界或体育界中的焦点人物所表现出的认同、喜欢、欣赏、钦佩等的情感反映以及由此引发的种种行为表现[②]。

青少年最崇拜的偶像主要归为七类，如表 3-2 所示。其中的“著名人物”是指政治家、文学家、科学家、英雄等对社会进步做出重大贡献的人；“其他”指中学生认为自己崇拜的偶像，但没有说明偶像的名称，如卡通漫画人物等。由此可以看出，中学生崇拜歌星影星、体育明星的比例较高，明星崇拜仍然是中学生偶像崇拜的主流[③]。

表 3-2　中学生的偶像类型

崇拜类型	歌星影星	体育明星	著名人物	父母	教师	同学	其他
所占比例	46.8%	12.2%	20.4%	7.6%	0.9%	2.8%	9.3%

（3）宗教性偶像崇拜、民俗性偶像崇拜、圣贤性偶像崇拜、娱乐性偶像崇拜和草根性偶像崇拜。岳晓东提出了偶像崇拜的三个特性维度：神灵性—世俗性、精英性—草根性、禁欲性—享乐性，并揭示了这三个维度存在的内在的对立关系。根据以上三个维度及其之间的关系，岳晓东提出了我国内地青少年偶像崇拜的五种类型，即宗教性偶像崇拜、民俗性偶像

① 蔡琪．大众传播中的明星崇拜和粉丝效应［J］．湖南师范大学学报，2011（1）：131-134.

② 王晨．青少年偶像崇拜现象的社会学探析［J］．长沙民政职业技术学院学报，2012（3）：34-36.

③ 李丽兰．中学生偶像崇拜及其与自我价值感关系的研究［D］．南京：南京师范大学，2007.

崇拜、圣贤性偶像崇拜、娱乐性偶像崇拜和草根性偶像崇拜[①]。

岳晓东等人将崇拜区分为偶像崇拜（idol worship）和榜样学习（model learning）、明星崇拜和杰出人物崇拜、爱慕型崇拜（消费型崇拜）和学习型崇拜（生产型崇拜）。岳晓东、张宙桥在“香港、广州、长沙大学生偶像与榜样选择之比较调查”中发现，香港大学生更敬佩演艺界名人，而内地大学生更敬佩政治家。青少年钦佩人物可分为纯偶像、榜样型偶像、偶像型榜样和纯榜样四类人。

中学生偶像崇拜结构六个因素得分从高到低依次为行为节制、完全认同、选择认同、迷恋、情感控制和行为投入。偶像崇拜结构内部各因素之间以及崇拜特征与自我评价之间在许多因素上存在显著的关联。偶像崇拜可分为感性型崇拜者、中间型崇拜者和理性型崇拜者三种类型，按照积极性排序，依次为理性型崇拜者、感性型崇拜者及中间型崇拜者[②]。

（4）以人物为核心和以特质为核心的偶像崇拜。有研究者根据偶像崇拜的不同原因，把偶像崇拜分为面性崇拜和质性崇拜。面性崇拜是以人物为核心（personal-focused）的社会学习和依恋，“三星”崇拜（tri-star worship）（歌星、影星、体育明星）指的是对所崇拜的偶像和学习的对象最直观、最表面以及极端化的学习和依恋，主要包含对所崇拜和学习的对象直接模仿、全盘接受、盲目跟从，这种情况下容易导致个体过分强化偶

① 岳晓东，张宙桥．香港、广州、长沙大学生偶像与榜样选择之比较调查［J］．青年研究，2000（4）：15-21.

② 李强，韩丁．中学生偶像崇拜特征及其与自我评价关系研究［J］．心理发展与教育，2004（3）：23-26.

像的作用，把偶像神化，容易让个体对偶像产生“光晕效应”，也就是对所崇拜的对象没有经过任何验证就接受并赞许他的言行、观点等，并且突出表现为个体对崇拜对象的浪漫式依恋、高明星消费、低自我信念、浪漫幻想和虚荣满足这几个方面。以人物为核心的社会学习和依恋会对个人自我成长产生消极的影响。

“杰出人物崇拜”（luminary worship）是一种以特质为核心（attributes-focused）的社会学习和依恋。它是质性崇拜，以一种较为理性的、有条件的、相对性的、实用和非情绪化的心理认同方式来看待政治经济界、科技界和文化界的名人等偶像人物，其特点是特别欣赏偶像的优秀人格品质特征（dispositional features）（如性格、为人等）、气质性特征（temperamental features）（如举止、风度等）、成就性特征（achievement features）（如事业、谋略等）以及社会奉献、遇到挫折不放弃的精神等，并从中获取最大的精神享受。主要表现为对所崇拜对象的综合性模仿、选择性接受、稳固式依恋，这种社会学习和依恋很容易让个体将崇拜的对象进行榜样认同，产生“聚焦效应”，促使青少年多以偶像的内在特征决定取舍，把他们当作成功者的典范和模仿学习的榜样，从而产生巨大的替代学习效果和朋辈学习效果。青少年个体能够从众多的偶像特质身上挑选出有益于自我的特质来学习。根据岳晓东等人 1998 年的调查结果，这种榜样认同是由个体对榜样的现实化、理性化和相对化认知的综合作用而产生的，青少年可以通过对榜样的认同来促进自我成长。其主要表现为认同式依恋、低明星消费、高自我信念、自我激励、个人成长。总体而言，以特质为核心的社会学习和依恋是以思想认同为基础的，更看重的是其内涵和优秀品质，而不是他的外在形象，也更期待获得与崇拜人物一样的成就，有较高的自我信念，知道自己的目标，并且能够清晰地认识自我和他人，会为自己的目标而积极努力。这部分青少年可以从不同的偶像身上吸取自我成长的养分，进而不断地完善自我。有研究结果表明，84.8%的大学生偶像崇拜属于质性崇拜，青少年选择榜样的理由主要是奉献、决心和积极等品质，以及榜样的能力与成就①。

（5）以偶像为中心的他恋型和以自我为中心的自恋型偶像崇拜。通过问卷调查与访谈，研究分析探讨青少年偶像崇拜的行为表现与心理机制发现，青少年的偶像崇拜存在以偶像为中心的他恋型和以自我为中心的自恋型两种不同的行为类型②。有研究者随机抽取了北京市的173名初中生和高中生，通过问卷调查与访谈相结合的方法，对这部分学生偶像崇拜的行为、原因以及家长、教师对中学生追星的态度进行了调查。结果显示：在被称为偶像时代的今天，中学生崇拜偶像的程度、强度有所减弱，追星方式并不狂热，基本呈简单崇拜，而家长、教师对中学生追星行为的认识与态度也更为理性、包容。中学生自我崇拜的现象较为普遍、突出，值得教育者高度关注③。

（6）青少年偶像崇拜的卷入类型。有研究者发现，青少年偶像崇拜

① 俞国良，王勍．社会转型：青少年榜样选择的社会心理分析［J］．教育科学研究，2016（5）：59-64.

② 张婷，李伟民．直面崇拜者：青少年偶像崇拜的心理与行为［J］．青年探索，2008（6）：39-43.

③ 李芳，张婷．中学生偶像崇拜的现状调查［J］．上海教育科研，2008（10）：53-55.

划分为低卷入型、交际型、移情型、妄想型四种，其中具有合理性、非理性崇拜者所占比例较高，其总体状况不容乐观；学业成绩在班级平均水平之下的初中生和处于对偶像非常喜欢阶段的青少年易卷入非理性崇拜；偶像崇拜既有情感满足的积极一面，也有非理性的沉溺一面，对青少年不同程度的偶像崇拜者应区别对待[①]。

有研究发现，青少年明星偶像崇拜行为有的理性，有的疯狂，这些崇拜行为之间并没有明显的分界线，将青少年明星偶像崇拜的行为表现按照程度分成三种类型：狂热型、依恋型和冷静型。

3.2.3.3 偶像崇拜的特征

青少年普遍都有崇拜的偶像，其中偶像为明星者占一半以上。由于受我国传统思想的影响和自我确认的需要，女性情感丰富、男性更加理性，社会对不同性别青少年的期望不同，青少年明星偶像崇拜在具有普遍性的同时，也存在差异性。

（1）年龄特征。年龄在青少年偶像崇拜中确实扮演着一个关键性的角色。青少年明星偶像崇拜呈现低龄化，一般始于12岁，是其青春期心理发展的“附属品”，具有突出的阶段性和过渡性特征。而在12—18岁这一阶段，年龄与青少年明星偶像崇拜的欲望成反比关系，并于14—16岁达到高峰；对杰出人物的崇拜会随着年龄的增加、批判性思维的日臻成熟而呈上升趋势，并在20—22岁达到高峰；对父母长辈等身边人物的即

① 彭文波，邱晓婷，刘电芝，等.青少年偶像崇拜的卷入类型与特征分析[J].西南大学学报(社会科学版)，2010(3)：152-155.

亲感（immediate intimacy）会随着年龄增加、个体的独立而愈发产生想摆脱对父母情感依附的需要，呈现明显的下降趋势。在这一段时期内，由于青春期自我中心思想的作用，青少年对理想和现实的区分并没有像成年人那样完善，批判式的抽象思维能力尚未形成。受到这一层认知发展的限制，青少年会对自我缺乏清醒的批判认识，从而沉溺于对偶像热烈的梦幻和疯狂的追逐之中，而忽略对其成功背后的努力及人格塑造方面的认同。

就青少年偶像崇拜现象而言，由于青少年时期是由儿童向成人过渡的特殊发展阶段，具有既不同于儿童也不同于成人的心理活动，青少年偶像崇拜因此可谓青少年时期的标志性行为表现，更多体现为个人对敬仰人物的热烈迷恋和追逐，时常会为追逐他们而表现出相当的狂热、盲从、缺乏独立自主精神。多数年轻人都将崇拜作为一种生活中的娱乐，他们通过给偶像写信，模仿明星唱歌、着装，收集偶像的私人资料，参加明星俱乐部等方式来表现自己的崇拜和追求。

青少年偶像崇拜表现出具有延续性的新时代特征，对偶像的崇拜会延续到 25 岁之后，甚至 30 岁的成人阶段。特别是对杰出人物的崇拜，会逐步转换成榜样学习。中学生的偶像崇拜表现出来的是主体性的重拾。教育学家认为，随着年龄的增长，偶像性重要他人会取代互动性重要他人，成为青少年的文化坐标。大学生偶像崇拜呈现出普遍化、群体化、理性化和多元化的特征[①]。

---

① 毛晓丹，彭小川 . 大学生“偶像崇拜”现状探析［J］. 湖北成人教育学院学报，2007（2）：15-16.

（2）偶像崇拜的性别差异。偶像崇拜类型的选择在性别维度上差异显著。有研究发现，女生较男生而言，更容易产生偶像崇拜行为，而且表现得更为狂热。原因有二：一是女生和男生相比，面对的传统束缚和压力更大，需要摆脱束缚的愿望比男生更强烈。二是女性比男性所面临的群体压力更大，更容易在从众的行为中寻求社会归属感。在校园中，女生大多喜欢扎堆和结伴而行，很少单独行动，这是与我国的传统文化背景紧密相连的。传统文化塑造了中国男性应有的责任性、才能性、领导性、名利性的特征，同时赋予女性小鸟依人、相夫教子、顾家的家庭妇女形象。随着时代的发展，虽然中国女性独立自主的形象层出不穷，但传统女性形象仍为主流，在传统文化的大背景下，女性表现出的目标、价值观念、信念体系则依附于传统之上。Wann 等的调查研究发现，中学生对偶像的崇拜在不同性别之间有差异，女生倾向于“外貌协会”，在乎偶像的长相与气质，多崇拜文艺明星；男生更看重偶像所具有的特质和出众的才能，更多地崇拜体育明星、政治名人[①]。Bennett 在 2002 年的研究中也发现，大部分男性青少年有崇拜的偶像。青少年中男生偶像数量多于女生，男生偶像选取更倾向于崇拜同性，而女生偶像选取更倾向于崇拜异性[②]。

根据 McCutcheon，Lange 和 Houran 基于“专注—成瘾”模型编制的由三个分量表组成的明星崇拜态度量表，将青少年偶像崇拜的程度分为：低

---

① WANN D L，SCHRADER M P，WILSON A M. Sport fan motivation：questionnaire validation，comparisions by sport and relationship to athlete motivation［J］. Journal of sport behavior，1999，22（1）：114-139.

② BENNETT C. Fun club confession：teens underestimate influence of celebrity idols［J］. Psychology today，2002，35（1）：18.

程度的明星崇拜——社会娱乐、中等程度的明星崇拜——个体情感强度和极端程度的明星崇拜——临界病态。虽然女生喜欢偶像的现象比较突出，大多数女生倾向于喜欢影视明星，表面上来看很疯狂，但大多更换频率较快，她们选择偶像的标准大多数为外貌突出，所饰演的角色喜爱或突然喜欢他的一首歌、一部剧，说出实质原因的人很少，钟情一位偶像的人也很少。而男生除喜欢影视明星外，对于体育、政客等的追捧也很多，大多数可以非常肯定地给出一个偶像的名字或讲出崇拜的原因，而且这些原因往往与人格魅力和个人追求有关，并且不易更替。

（3）偶像崇拜的地域差异。经济水平也会影响青少年的偶像崇拜。身处多元文化影响下的农村初中生群体，同样受到偶像崇拜现象的考验。以往研究关注较多的是城市青少年的偶像崇拜行为，对农村初中生群体的偶像崇拜行为研究较少。有研究以经济收入情况为选样标准，选取山东省东、中、西部各两所学校，对其在校农村初中生进行了调查。对农村初中生偶像崇拜行为现状的调查结果显示，崇拜目的的确立具有指向性和盲从性；崇拜对象的选择具有多元性和离散性，崇拜对象类型较为杂乱；崇拜认知的特点具有相对稳定性和阶段性，崇拜行为的状况具有隐蔽性，不宜被教育者发现，给科学引导增加了难度；崇拜影响的结果具有时限性和两面性。农村青少年偶像崇拜的原因主要包括：青少年自身独有的心理特性、各方的压力对农村初中生的冲击、现代社会流变的外力推动、传统榜样教育功能的减退及不科学的家庭教育五方面①。

① 曹珍珍．农村初中生偶像崇拜现状与引导措施研究［D］．曲阜：曲阜师范大学，2008.

另有调查结果显示，农村学生崇拜的偶像多为政治名人、体育明星或父母家人。城镇学生崇拜的偶像集中于文艺明星，这与他们的生活环境差异有很大关系。在不同环境的相互作用下，个体表现出不同的目标与价值追求。整体上可概括为四个特点：农村人的生活水平低于城镇，娱乐休闲项目较少；体育项目的开展局限性较小，像跑步、拔河类的体育运动几乎不需要什么资金投入；经济上的局限使农村青少年更渴望成功，他们完成学业靠的是长辈的辛苦劳作，于是父母的形象在他们心中更显高大；经济发达的地区多，落后的地区少[①②]。

偶像对人的影响巨大。近年来，偶像崇拜现象引起了学者的广泛关注，关于偶像崇拜的研究大量涌现。现有的研究主要集中关注中学生、大学生等青少年的偶像崇拜现象，而较少有学者对高年级小学生的偶像崇拜现象展开系统的研究。本书将研究对象确定为高年级小学生，对他们的偶像崇拜问题进行系统的研究，以发现高年级小学生偶像崇拜的现状，剖析他们在偶像崇拜中存在的问题，探寻产生问题的原因，为高年级小学生偶像崇拜进行科学引导提出切实可行的策略。有研究者以 McCutcheon 的“名人崇拜量表（celebrity attitude scale）”为蓝本，根据我国实际情况作出调整，结合自编的偶像崇拜现状情况调查问卷，共同组成了小学生偶像崇拜现状调查问卷，对重庆市 5 所小学 853 名高年级小学生进行调查。结果表明，

① 郝玉章，风笑天．城市中学独生子女家庭特征调查分析［J］．福建论坛，1998（3）：52-54.

② 杨化峰．城市青少年偶像崇拜研究：以对北京中学生的问卷调查为中心［D］．北京：北京师范大学，2005.

重庆市高年级小学生偶像崇拜现象很常见，但偶像崇拜卷入程度并不明显。此外，高年级小学生的偶像崇拜现象有向非理性化发展的趋势。农村小学生比城市小学生更容易产生偶像崇拜，女生比男生更容易崇拜偶像。崇拜对象是虚拟人物的小学生比崇拜其他类型偶像的小学生更容易陷入深层次的非理性崇拜。高年级小学生偶像崇拜的对象中明星偶像居多，且小学生更为关注偶像的外在形象而忽视其内在品质。在崇拜现象中，女生比男生更容易崇拜偶像，但有崇拜对象的人中，男生比女生更容易陷入非理性崇拜。高年级小学生偶像崇拜卷入程度与崇拜偶像的时间存在正相关，崇拜时间越久越容易陷入对偶像的非理性崇拜。针对偶像崇拜存在的问题，研究者从学生、学校、家庭、社会等几方面提出了高年级小学生偶像崇拜存在的问题及其成因分析，造成高年级小学生偶像崇拜问题的原因有：小学生正身处从众心理、逆反心理、同一性建立的必经阶段；学校榜样教育效果锐减，偶像教育不成体系；家长与子女之间缺乏沟通，家长教育方式失当，对子女偶像崇拜引导缺位；社会网络“造星”愈演愈烈，大众媒体社会责任缺失等原因造成高年级小学生偶像崇拜存在诸多问题。基于高年级小学生偶像崇拜存在问题的归纳分析，本书提出了关于高年级小学生偶像崇拜的教育引导策略，即要在“遵循因材施教、化堵为疏、以生为本、批判继承”原则的基础上，对高年级小学生进行教育引导。具体的策略包括：尊重小学生的主体地位，发挥同辈群体示范功能、少先队的教育功能；学校要帮助小学生进行认知疏导，开展媒介素养教育，借助偶像力量实施教育；家庭中父母要理性对待子女的崇拜，重视其心理健康教育，正确引导他们的偶像崇拜；社会要增强新一代模范影响，规范公众人物言行，增强其社会责任感[①]，同时要注意提高媒体人法律素养，建立良好的社会风气。

有研究者选取北京八中贵阳分校、遵义市第十一中学、桐梓县夜郎中学、毕节市小坝镇中学、荔波县第二中学等的学生为调查对象，运用对比研究的方式，采用文献分析、问卷调查、访谈等多种方法，对贵州省初中生的偶像崇拜现象进行研究，通过实证调查、数据分析，归纳出贵州省初中生偶像崇拜的主要特征和城乡差异，思考如何通过建立社会主义核心价值观引导初中生偶像崇拜的具体对策。加强对贵州省初中生偶像崇拜引导的对策主要包括五方面：一是营造践行社会主义核心价值观的良好氛围；二是改变脸谱式榜样教育方式；三是建立健全心理辅导服务体系；四是提高初中生的认知和分辨能力；五是加强偶像崇拜监管制度建设[②]。

有研究者按照提出问题、分析问题和解决问题的思路，对民族地区中学生偶像崇拜现状进行了解并发现，消费型偶像对中学生既有积极影响、也有消极影响；引导中学生形成正确的偶像崇拜观念主要有四条途径：一是要提高中学生的自我教育能力。二是要营造良好的家庭环境。三是要创建轻松的校园环境。四是要建立良好的社会环境[③]。

（4）青少年偶像崇拜的行为特点。青少年的偶像崇拜行为在本质上是与青少年成长中的榜样品质、个性行为、情感世界的丰富程度有密切关

① 王静宜 . 高段小学生偶像崇拜及教育引导研究：以重庆市五所小学为例［D］. 重庆：西南大学，2019.

② 张格格 . 当前贵州初中生偶像崇拜研究［D］. 贵阳：贵州师范大学，2019.

③ 李利芳 . 新疆中学生偶像崇拜现象调查研究［D］. 乌鲁木齐：新疆大学，2011.

系的一种发展性心理行为[①]。

①偶像崇拜的普遍性。当代青少年群体普遍存在“追星族”“超女热”等偶像崇拜行为，偶像崇拜已经成为青少年亚文化的突出代表。多数青少年将崇拜作为一种生活娱乐，通过给偶像写信，模仿偶像唱歌、着装，收集偶像的私人资料，参加明星俱乐部等方式来表现自己的崇拜和追求。大量的研究发现，有偶像的青少年人数显著高于无偶像的青少年人数[②]。

②偶像崇拜的理想化、浪漫化、绝对化。青少年往往把偶像想象得完美无瑕，对偶像产生浪漫的幻想和依恋，并对偶像绝对信任，甚至把偶像当成神，这样便容易导致青少年的自我迷失[③]。

③偶像崇拜的感性化、情绪化、冲动性。研究发现，许多人崇拜偶像并没有明确的目标和动机，甚至一些偶像崇拜到了“痴迷”的程度，使偶像崇拜带有很强的情绪化倾向。石晓辉提出，偶像崇拜是个体成长过程中的阶段性行为，是青少年的自主选择，是包含了青少年的情感投入的行为，偶像能够对成长中的青少年产生影响。郝玉章、风笑天认为，中学生偶像崇拜行为感性成分多、理性成分少。大学生偶像崇拜的感性成分多于理性成分[④]。

---

① 薛晓阳．青少年偶像崇拜：一个值得关注的教育问题［J］．思想·理论·教育，2005（1）：33-36.

② 姚计海，申继亮．中学生偶像崇拜与自我概念的关系研究［J］．心理科学，2004（1）：55-58.

③ 杨迪．当前青少年偶像崇拜行为的调查分析及应对策略［J］．管理观察，2017（5）：95-96，99.

④ 张振．高校大学生偶像崇拜的归因探析［J］．人文论坛，2009（32）：141-142.

④ 偶像崇拜的多元化。由于受多元文化和多元价值观的影响，青少年的偶像崇拜表现出明显的多样性——文体明星型偶像、政治型偶像、知识型偶像，其中知识型偶像和政治型偶像组成杰出人物偶像。杰出人物偶像主要包括著名政治家、科学家、文学家、哲学家、艺术家、军事家等，他们多是人生的榜样，主要以个人成就、气质、谋略等特征吸引青年人。文体明星偶像主要包括“三星”人物，多是当今的青春派偶像，主要以流行性、形象性、青春性特征吸引青年人。偶像崇拜的职业或身份在性别和专业类别维度上差异显著。

3.2.3.4 偶像崇拜的归因

作为最传统、最普遍的教育方法之一，榜样教育已日渐式微，取而代之的是偶像崇拜。在青少年这一群体中，偶像崇拜现象则更为普遍[①]。对偶像崇拜的研究由来已久，且大多是基于心理学层面对偶像崇拜原因的分析。传统的行为主义学习理论忽视了学习的内部过程研究和行为的认知因素，把人的行为看成是完全受外界环境的影响和控制的，是由刺激和强化决定的。班杜拉在充分分析了行为的形成过程和决定因素之后，批判了机械的环境决定论的观点，提出了人、行为和环境三者的交互决定论。人的内部因素与行为交互起着作用，人的期待决定着如何去行为，行为的结果又改变着人的期待；人与环境并不是两个独立的决定因素，他们都是一种潜在的因素，人的潜能在未被激发之前是不会发生作用的，同样环境的潜

① 史佳露.自我同一性视角下青少年偶像崇拜的因果分析[J].桂林师范高等专科学校学报，2016（2）：151-153.

能只有在特定的行为使之现实化之后才会起作用，因此班杜拉提出“个人既能影响环境，同时也受到环境影响”的观点。

偶像崇拜作为一种独特的社会心理现象，尤其是作为青少年中的一种流行时尚，它的出现与蔓延有特定的心理背景、社会基础、文化氛围、价值观念和心理机制等[①]。Wann 的调查研究结果显示，个人审美观念、家庭氛围、社会环境等因素共同影响了体育界崇拜对象的选择[②]。就个体而言，青少年偶像崇拜是一种心理现象；就社会而言，青少年偶像崇拜则是一种文化现象。其中存在的种种问题既带有个体自身心理发展规律的印记，与个体特定年龄的情绪与情感、思维与想象以及自我意识的发展密切相关；也带有强烈的时代变迁痕迹，是一定时代社会现实生活的反映，受到时代政治、经济、文化特点的强烈影响。青少年的明星偶像崇拜是一种社会交换行为：崇拜者通过看明星的节目或比赛换取内在报酬，明星用物化的自己换取外在报酬。明星偶像崇拜行为的基本来源包含崇拜者对明星的赞同和明星对崇拜者的吸引，偶像崇拜的发生是内因和外因相互作用的结果。系统分析青少年偶像崇拜背后的心理动机与环境因素，有助于更清楚地认识这一现象背后的成因与应对之道。

（1）内因。青少年时期已经具备抽象思维和理性思维能力，但理性思维尚未成熟，加之社会经验不足，容易为事物表面的现象所误导和吸引。

---

① 罗晓珍. 当前青少年偶像崇拜的原因分析[J]. 郑州铁路职业技术学院学报，2004(3)：9-10.

② WANN D L，SCHRADER M P，WILSON A M. Sport fan motivation：questionnaire validation，comparisions by sport and relationship to athlete motivation[J]. Journal of sport behavior，1999，22(1)：114-139.

自我认同、自我欣赏、模仿、情绪波动、叛逆、从众等都是青少年在青春期普遍存在的心理特点。偶像崇拜就是这一系列心理特点和行为表现的集中反映[①]。

偶像崇拜是青少年各种需要的正常诉求，也是其心理成长的里程碑。1943年，美国心理学家亚伯拉罕·马斯洛曾在《人类激励理论》中提出一个著名的“需要层次理论”，他把人的需要按照层次不同分为生理的需要、安全的需要、归属与爱的需要、尊重的需要、自我实现的需要等。当人从生理需要的控制下解放出来时，可能出现更高级的、社会化程度更高的需要。青少年偶像崇拜的目的是多样化的，折射出青少年的多种需要[②]。

① 娱乐的需要。有研究发现，青少年偶像崇拜的目的之一就是满足青少年娱乐的需要，调剂生活，这正符合现代青少年亚文化中的享乐主义、娱乐精神和以自我为中心的特征。从弗洛伊德的人格结构论来看，生活调剂的实质就是本我的快乐原则。追求偶像是为了增添生活乐趣，为了快餐式的、轻松愉悦感的获得，同时也是学习压力的一种宣泄、解脱和释放。

② 审美的需要。审美的需要是青少年偶像崇拜的原因之一。青少年“美的”标准来自他们的偶像，明星偶像不仅令青少年接受染发、瘦身、文身和衣着暴露，更令他们争相仿效。11—12岁的青少年进入了青春发育期，出现了生理发育上的急剧变化。此时，青少年的青春心理开始萌动，并出现一些行为上的变化，开始关注自己的身体、外貌和体形。一些年轻的电

---

① 于海燕．从青少年追星谈榜样教育［D］．呼和浩特：内蒙古师范大学，2012.

② 闵忠华．关于青少年偶像崇拜的心理学分析［J］．学校党建与思想教育，2009（1）：56-57.

影明星、体育明星、歌星、社会名人开始成为初中生崇拜的对象，有些初中生会搜集剪贴明星的照片、剧照，会自觉或不自觉地模仿明星的言语、行动方式和穿着打扮，有时候这种崇拜似乎到了忘我的程度。初中生这种捉摸不定的情愫，使他们感到好奇、渴望，有时又迷惑和害怕，自己好像爱上了某人。其实，几乎每个人在青少年时期，在内心深处都有一个自己理想爱恋之人的影子，将符合自己爱恋的偶像移植进心里也很正常。

感官舒快和社会性品质学习是青少年偶像崇拜的两大原因。中学生感官舒快因素可以分为相貌及作品欣赏，对自己身体、外貌和体形越是不满意的中学生越容易产生对偶像的崇拜，如羡慕其有好的外貌或身材、认为偶像的气质阳光有活力、欣赏他们的才艺和魅力等。但这种崇拜只限于情感上的投入，并没有达到近似疯狂的迷恋或者病态的沉迷其中乃至无法自拔的程度。而对自己定义不明、自我认识不足并不满于自身各个方面的人，更容易在崇拜偶像过程中迷失自我，甚至近似忘我地追星，几近病态[①]。

从审美层面使感官和精神获得充分的放松与满足。审美具有让人解放的性质。在视觉文化时代，人们迫切呼唤全面的、整体的、清醒的审美解放，通过审美想象将个体与社会、欲望与榜样、感性与理性、理想与现实、文明与自然结合起来。审美昭示人们找到人道和自由，视觉文化和娱乐工业制造的是依附于物质和欲望的短暂快乐，而审美启发人们超越欲望和物质的束缚，生命不是功利的苦役而是审美的欣赏[②]。审美感是对事物的美的

① 梁耀文.大学生偶像崇拜与自我概念的关系探究［J］.课程教育研究，2018（9）：252-253.

② 曾锋，陈莉.情绪资本时代的影视粉丝文化现象［J］.湘潭大学学报（哲学社会科学版），2014（1）：122-125.

体验，而由追星产生的愉快体验，能够让人找到愉悦、轻松和自由的存在感，是一种主观却理智的情感①。

③ 减压的需要。当今社会充满了竞争，几乎每个人的工作和生活都充满困惑和压力。从家庭和学校角度看，青少年时期正是在校学习科学文化知识的重要阶段，成长中的青少年向往无拘无束、丰富多彩的生活。然而，学校和家长对学生升学的期望，有繁重的学业，严格的管理，以及放学后家长的督导，使学生的压力很大，精神经常处于紧张状态。由于青少年承受较大的学习和生活的压力，他们急于宣泄自己的超负荷压力、释放情感，从繁重的学业中解脱出来。而青少年崇拜者把偶像当作精神支柱和寄托，通过偶像崇拜的形式摆脱精神的空虚，宣泄情感或放松神经，寻找自己的价值和潜力，树立起精神支柱，避免行为出轨或误入歧途②，在一定程度上促进了青少年的社会化。

④ 心理补偿的需要。青少年时期是由儿童向成年过渡的特殊发展阶段，被称为人生的“第二次心理诞生”，是人生中心理变化起伏跌宕与躁动不安的一个转折期。在该阶段，青少年在生理上有了突飞猛进的发展，他们认为自己已经长大了，急欲摆脱父母的控制，开始慢慢地疏远父母，希望能够独当一面，扩大自己的社交范围，寻求属于自己的成长空间。然而，他们心理的发展却远远滞后于生理的发展，有限的生活经验又使他们离不开父母的帮助，他们在潜意识里对父母的依恋是无法割舍的，这就相当于

① 金圣华．本土心理学视域下的偶像崇拜［D］．长春：吉林大学，2015.

② 李可安．从社会心理学角度浅谈青少年偶像崇拜现象［J］．山东青年，2015（6）：16-17.

情感上的又一次“断乳期”。所以，青少年需要寻找新的对象来代替情感上对父母的依恋[①]。在所有媒体人物中，最能吸引青少年的就是青春偶像派人物，他们与青少年的年龄相仿，同时又具备时尚和新鲜的元素，这些特征与青少年特定时期的心理需要不谋而合。青少年经常将偶像视为自己心目中的朋友和知音，以此丰富自己的内心世界，已成为自己与同伴交流的主要内容。偶像崇拜产生“遥亲感”，在偶像身上补偿情感的缺失，填补脱离父母的依赖产生的情感真空可以起到一种心理补偿作用。因此，他们选择崇拜拥有能力、地位和独立的偶像，希望通过偶像崇拜来实现独立自主的目的。在某种程度上，偶像是青少年心目中父母的“替代品”。在此基础上，偶像崇拜也作为一个伪朋友延伸到其社交网络，成为同伴之间交流和讨论的主题。青少年通过对偶像的崇拜与仰慕来填补内心的空虚，在偶像身上寻求一种安全感和归属感。也正是这种移情的方式，有效地满足了青少年在摆脱对父母依赖的过程中寻找心理归属感的需要。

⑤ 归属与爱的需要。青少年正处于青春期，此阶段归属与爱的需要恰恰是他们所要面临的重要问题，对偶像的归属感诉求是其产生崇拜行为的主要原因。归属指个体参加一定的组织团体，依附某个集体的需要。家庭和学校是青少年社会化的主要场所，随着身心的不断发展，青少年对同伴的兴趣和信任不断增强，寻求归属感的方式开始从父母逐步向同伴过渡，崇拜对象开始从身边重要他人向媒体人物转变。

青少年对偶像的情感依附导致其在追星过程中产生一系列的粉丝投入

---

① 岳晓东，严飞．青少年偶像崇拜之心理机制探究［J］．中国教育，2006（12）：11-16.

与粉丝文化[①]。以共同的情趣、爱好为基础建立的粉丝群体成为一种新形式的社交群体。在这个群体内，被需要、被肯定、被拥戴，可以体会新的社交带来的快乐。青少年正处在“心理断乳期”，其情感、情绪等心理波动较大，叛逆的性格使他们与家长、老师的沟通存在困难，进而与之疏远。由于当今社会的流动性、个体意识的增强、新旧价值观念的碰撞、离婚率的上升、代沟、社会化进程的加剧等，这些增加了青少年的疏离感、孤独感，需要“替代品”帮助他们健康地渡过这段美好时光。偶像崇拜是青少年融入自己团体的一种手段。有些追星族是为了保持与同伴的一致而被卷入追星的行列，他们追求的是让自己有所归属，是为了让自己和别人知道他属于哪个团体。所以他们需要知道大家正在讨论的明星的信息，如明星的生日、星座和爱好等。因此，偶像崇拜又成为融入集体、化解孤独的一种手段，偶像的人格魅力、卓越成就、内在个性与外在形象被青少年视为一种象征性的符号或图腾，因而获得青少年认同与情感寄托[②]。

青少年情绪丰富而强烈。青少年时期，随着下丘脑部分神经系统活动兴奋的增强，容易产生强烈的情绪。他们容易兴奋、激动，在一定情境与气氛的渲染烘托下，他们的亢奋情绪便会以“狂热”的状态出现。美国心理学家霍尔将青年期称为“疾风怒吼”的时期。青少年偶像崇拜的狂热往往源于此，他们极易对偶像产生过度迷恋，甚至走向极端。

---

① 孙雨晴，李洪君.归属感：青少年粉丝的投入与粉丝文化：以H市在校学生为例［J］.党政干部学刊，2017（12）：57-61.

② 孙雨晴，李洪君.归属感：青少年粉丝的投入与粉丝文化：以H市在校学生为例［J］.党政干部学刊，2017（12）：57-61.

归属常常表现为从众行为，从众行为源于从众心理。从众心理指个体在受到外界的影响或者压力时，自己的认知、判断、感觉与众人相一致的行为方式。研究结果表明，在社会生活中，只有少数人有独立性，大部分人还是“随大流”的。心理学家张厚粲说：“当个体表现与众不同时，在心理上他就会觉得面临强大的压力乃至于制裁，他会感到自己缺乏社会支持，处于孤立状态。所以，人们都会想办法避免这样的情景的发生。”[①]心理学家闵忠华认为，有些青少年看到同伴都在谈论某个体育明星时，为了避免被群体孤立，于是花费时间去了解、关注大家普遍喜爱的体育明星。这样就可以在群体中找到共同谈论的话题，受到群体的接纳、认同与重视，满足其归属感，达到精神上的安慰与稳定[②③]。

同侪（与自己在年龄、地位、兴趣等方面相近的平辈）群体也产生一定作用。青少年正处于心理认知的成熟期和过渡期，个体的自主性、独立性有所发展，但个体意志仍较为薄弱，容易受到群体意志的影响而产生从众行为。同时，大多数青少年正在经历中学或大学阶段的校园生活，其群体性、封闭性较强，更加剧了这种群体性压力。青少年在发展自主性的同时，仍渴望得到周围人的认可，希望与周围人很好地融合。青少年会害怕因为与众不同而被同伴孤立并排挤出集体的圈子，因此，当他们意识到自己的行为或言论同周围人的思想有悖，或自己的思想同流行的话题不一致时，

---

① 张厚粲 . 心理学［M］. 天津：南开大学出版社，2002：244-246.

② 魏斌 . 我国大众传播中青少年体育明星崇拜现象分析［D］. 金华：浙江师范大学，2011.

③ 闵忠华 . 关于青少年偶像崇拜的心理学分析［J］. 学校党建与思想教育，2009（1）：56-57.

他们会设法融入团体，与团体保持一致，所以随大流地去崇拜被公认的偶像，进而克服因脱离群体所产生的孤独感。换句话说，这种渴望与群体保持一致的从众心理促使青少年通过崇拜同伴公认的偶像明星，使自己与同伴产生共同语言，从而更好地融入集体之中。所以，当某种偶像崇拜潮流扩散到他们周围时，青少年往往会自觉或不自觉地屈从潮流。

受到周边朋友、同学等外界因素和本身追求自我个性两方面的影响，当青少年为突出自己与其他人不同时，常会选择一个标志性代表，偶像就是其中之一，但为了不让自己在同侪群体中显得突兀，或是由于落后于同侪群体而受到排挤或脱离群体，他们就会接受同侪群体文化的影响，从而根据同侪群体的喜好选择自己的偶像。同侪群体的价值观、态度、行为模式因此成为青少年共同遵守的潜规则，偶像崇拜行为也因此产生。在群体无形的压力下，当青少年发现自己的行为举止与身边同学思想有悖或落后时，为了让自己与群体成员和谐相处，青少年会努力参与到团体活动中。

詹森指出，粉丝的出现是为了弥补自主性的个人缺失，社群缺失，不完整的身份、权利和认可的缺乏。从“社群缺失”层面看，詹森的观点极具说服力，网络时代粉丝社群的存在，有力地加强了粉丝的归属感，也为他们打通了一条全新的沟通渠道。这种网络时代的特殊沟通方式，能够有效地使人在向“同类”倾诉的过程中，宣泄情感，缓解压力，并在与他人的交流互动中，更清楚地认识自己。

⑥ 反抗的需要。偶像崇拜或追星，作为一种青少年亚文化，对于社会主流文化往往存在一种批判甚至颠覆的态度。偶像崇拜可以理解为对现实中精英文化、传统榜样观的颠覆，是社会非主流群体渴望打破现有社会阶

梯架构和矛盾的各种尝试与努力中的一种，是对充斥平淡感、抛离感的现实生活的反抗，处于相对边缘的他们可以从中得到一种心理上的满足。

⑦ 心理补偿的需要。现代青少年，特别是城市青少年衣食无忧，没有前辈那样坚定的信仰，没有明确的理想为之奋斗，所以他们更多地关注个性的张扬和对自身的超越。她们以偶像追逐作为一种表达方式，为信仰缺失的精神生活做出一种补偿。同时，通过追星，为逝去的青春进行一种仪式上的补偿，也是对单调的现实生活内容的填补。

很多人因日常生活中缺乏情感寄托而将热情倾注于追星，心理满足的缺失使他们容易被某种自身向往或熟悉的形象所吸引，又会因明星偶像过人的优势而产生崇拜。偶像身上的某种特质是吸引粉丝的关键，实际上，对偶像的崇拜和喜爱是依托偶像所代表的形象，偶像本身作为这种形象的载体，所代表的符号意义远远大于其本身的意义[①]。

⑧ 自尊的需要。泰弗尔在社会身份论中，提出了一个对社会认同研究影响深远的假设：人们建立社会身份，是为了通过所认同的社群来提高自尊。依据社会身份论，社会认同由三个基本历程组成，即类化（categorization）、认同（identification）和比较（comparison）。通过这三个历程，人们抬高自己的身价和自尊，自尊的需要激发了个体的社会认同和群体行为，也就是说，社会认同是满足自尊的需要。

⑨ 自我实现的需要。处于这一时期的青少年急需在荒芜的内心世界中树立值得仰慕的偶像并加以自居，从而满足自我确认的需要。他们在不同

---

① 徐欣，李洪君．偶像、归属感与粉丝经济［J］．党政干部学刊，2017（8）：55-59.

程度上与偶像产生特有的共鸣、宽慰、激励、娱乐乃至宣泄作用。因此，偶像崇拜是青少年从孩童向成人成长过程中的生理心理过程的反应，是寄托希望和理想的一种表现，也是心理需要和情感宣泄的需要。这是青少年自然健康成长中的一个重要环节。Susan Dianne Boon 的研究结果表明，对偶像的崇拜有利于形成个体的自我认同①。

青少年心理发展的阶段性特点决定了该群体偶像崇拜产生的心理成因是自我认同及情感的需要。绝大多数青少年对偶像崇拜的出发点是心理上的认同，尤其在对草根偶像的崇拜。在偶像身上找到自己喜欢的内在或外在的需要，使自我认同感得到提升、自我的心理需要得到满足，是青少年偶像崇拜的重要因素。

青少年正处于埃里克森理论中的自我同一性和角色混乱冲突阶段，即“同一性危机”，偶像可以成为崇拜者的理想自我、代言人，帮助其寻找自我、确认自我，建立起稳定的自我形象。

弗洛伊德精神分析理论认为，偶像崇拜是个人对爱好的人物的社会认同和情感依恋，是人们将自己内心的愿望、欲求、理想、情感和信念向外的投射和放大，本质上是一种深层自我的现实化和理想化，更深层次的是寻求奋斗的动力以及精神层面的积极向上的鼓励，或者在“现实我”与“理想我”的矛盾中实现自身理想的投射。青少年对偶像的崇拜更主要是崇拜者自身梦想的投射，偶像实现了青少年所追逐的理想，偶像的成功是对青

---

① BOON S D, LOMORE C D. Admier-celebrity relationships among young adult explaining perception of celebrity influence on identity［J］.Human communication research，2001，27（3）：432-465.

少年价值观选择的肯定[①]。

偶像是崇拜者的代言人，是崇拜者的理想自我，也是崇拜者心目中的未来。每个人都有展现自我的心理欲望，展现自我是将个人特有的潜能最大限度地发挥出来，成为自己心目中能够成为的人。把追求成功转化为对明星的崇拜，在明星身上找到自己的未来，将明星成功的方法运用到自我实现中。于是，偶像崇拜也就成为青少年对成功的追求、自我实现这一心理的外在表现形式。

一方面，从精神分析学派的理论视角出发，青少年很容易寻找一个看似完美的偶像作为自己的精神寄托，把自己无法实现的理想投射到偶像身上，把偶像的成功当作自己的价值体现，在偶像身上补偿自身的理想缺失。草根偶像（如超女、网红）的走红在很大程度上就是因为他们离青少年非常近，青少年更容易把自己儿时的梦想投射到他们身上，所以才会有大量的青少年为选秀的选手投票，这些选手的成功也仿佛是青少年自身梦想的实现。

另一方面，从社会学习论的视角看，青少年也很容易把偶像视作精神动力来缓和“理想我”与“现实我”的矛盾，把偶像当成努力奋斗的目标，重新找回自我，重新给自己的人生定位，偶像在更大程度上是青少年社会化发展中的一个榜样。境遇思想的共通性、感同性是自我个体另一维生存方式的比拟，首先以理想形式存在，然后实践理想，如对政治人物的崛起

---

① 陈晓芳 . 精神分析理论视角下的青少年偶像崇拜问题［J］. 太原师范学院学报（社会科学版），2009（6）：158-160.

事迹、对娱乐明星“成功”的感同性，个体凭借自身禀赋条件、个人努力及客观历史、社会条件等因素的共同作用，实现了个体的梦想，并被人们所熟知，于是，自我也因为所追求的某些物质利益及精神享受与这类人有共通性，感同身受地相信并进行效仿，进而形成崇拜，等等。

（2）外因。

① 偶像的特点。青少年偶像崇拜的主要原因是对偶像的实质性欣赏。具体包括：个性幽默风趣；有智慧、聪明；热心公益、有爱心；在其所在领域有很大的成就，才华出众。大学生偶像崇拜在实质性欣赏方面比中学生显著上升，相对表层性欣赏方面比中学生有明显下降。

② 学校环境。尽管素质教育在我国基础教育中已提出多年，但实际上，重知识轻人文、重应试轻能力、重升学（就业）轻成长、重灌输轻启发的现象在各个阶段、各个学校仍是普遍现象。沉重的学业压力使青少年沉闷压抑、精神萎靡，更容易通过沉迷于对偶像的幻想来宣泄情绪、逃避现实。功利化的教育使青少年只注重“成功”的结果而不在意手段与过程，在偶像选择上，更加偏重外表光鲜的“成功人士”，而忽视个体的内在品质；大量灌输、规训式教育导致学生思维能力和思想性缺失，在对偶像的认知上易于盲从，难以进行批判性思考和学习，等等。

应试教育的标准化、绝对化使青少年自身个性的特色发展被忽略，单调高压的学习生活不能满足拥有强烈好奇心、探索精神的青少年。因此，五光十色的影视明星及塑造的影视角色满足了青少年向往的精神追求。除此之外，榜样教育的无力使盲目的偶像崇拜获得了更大的空间。随着时代的变迁和社会的转型，人们的观念、生活都发生了很大的变化。面对变化了的实际，榜样教育却依然我行我素。教育主体唱着“独角戏”、教育客体“空场”、教育内容远离生活、教育方法过于单一[①]，以致教育者所树立的榜样得不到教育对象的认可，榜样的感染力、激励力得不到有效发挥，榜样教育趋于失效。虽然有学者为突破传统榜样教育的局限，提出“偶像—榜样”教育的理念，力求在偶像亚文化中开辟空间，寻求偶像与榜样的结合点。但遗憾的是，这种教育理念并未在实践领域得到充分践行，传统榜样教育无力的现状并未能得到改善。

处于青春期的青少年，由于生理和心理尚不成熟，同辈群体的压力和影响使其产生了一种从众心理。

③ 家庭环境。大环境下的家庭教育也更加注重青少年的学习、课业成绩，成绩第一的理念使家长渐渐忽略了孩子的精神世界及榜样品质的教育与关怀。本末倒置的教育理念使教育的第一场所——家庭也不能满足青少年的情感发展与宣泄的需要。

有研究发现，家长对待孩子崇拜明星的态度一般是不支持、不干涉。只要不影响学习，就不干涉，一般还会给孩子零花钱去购买与偶像相关的物品或带他们去看演唱会；如果影响到了学习和正常生活，家长会以没收所有和明星有关的东西、停发零花钱、强行关电脑、关电视等方式进行干涉。除了不干涉、不支持的态度外，还有相当一部分家长对孩子崇拜明星持赞同态度。家长会给孩子讲偶像的一些事迹，或者一起看电视、听歌曲等，鼓励和引导他们学习明星偶像身上具有的优秀品质[②]。

---

① 汤正华 . 大学生榜样教育研究与实践［M］. 苏州：苏州大学出版社，2016：124-135.

② 佘婧菁 . 青少年明星偶像崇拜现象的社会学分析［D］. 大连：东北财经大学，2011.

父母教养方式和模仿内容在许多影响因子上存在显著的关联性，偶像崇拜理智性特征和非理智性特征与父母教养方式（除父母亲温暖外的其他因子上）大多数呈显著的相关性。这表明，父母教养方式对中学生偶像崇拜有显著的影响。因此，父母应注意调适对子女的教养方式[①]，大多数学校、家庭的“无所谓”和“反对”态度所具有的推拉作用很可能造成青少年的一种逆反心理。

家庭收入状况会对中学生崇拜方式带来差异性影响。对于不同收入家庭的青少年而言，停留于表层的崇拜模式（关注、效仿等）比例相差不大。而在购买相关资料、参加演唱会等方面则出现了明显的差异，家庭收入高的支出上多一些，但“辗转各地，追随行踪”的只是个别现象。中学生总体上采取的是较为理性的支持行为，消费基本上也是量力而行，媒体在中学生偶像崇拜中扮演了重要的角色，所以规范大众媒体尤为重要。

④社会环境。

第一，时代变迁与社会转型。随着改革开放的不断深入，中国社会进入全面转型期，社会结构转换、机制转轨、利益调整、观念转变，人们的行为方式、生活方式、价值体系都发生了明显的变化。一方面，社会的剧烈变迁使代际差异增大，父母与子女间的代沟由“缝隙”变为了“鸿沟”。父母原有的人生阅历难以为子女提供可借鉴的参考，减弱了子女对父母的崇拜和依恋。社会普遍存在浮躁心理，渴望成名、渴望致富几乎成为社会的主流心态。在此影响下，青少年往往会产生浮躁、功利的社会心理，产

---

① 张庆辞，李建伟．中学生偶像崇拜特征与父母教养方式的关系研究［J］．中国健康心理学杂志，2006，14（6）：600-612.

生极高的成功欲求。另一方面，社会流动性加大，原有的水波纹式结构的“差序格局”被打破，人际关系疏离化、社会纽带松弛，加之独生子女、人际交往虚拟化等因素，青少年的孤独感加重。当与家人、朋友等身边人所建立的亲密关系，即亲感的体验不足时，青少年对个人心目中高度理想化、浪漫化和绝对化之偶像人物所建立的一种情感依恋——遥亲感的需要就会更加强烈。偶像崇拜恰好可以满足青少年对遥亲感的需要，“遥亲感的满足可谓青少年追星的主要目标和精神需要之所在”，它以强烈的情感色彩感染和支配着青少年的内心世界。晕轮效应又称“光环效应（halo effect）”，是美国著名心理学家爱德华·桑戴克（Edward Thomdike）最早提出的，他认为，当认知者对一个人的某种特征形成好或坏的印象后，他还倾向于据此推论该人其他方面的特征，本质上是一种以偏概全的认知上的偏误。典型人物的宣传报道是中国特色社会主义新闻理论的一个特有理念，强调新闻工作不能简单而被动地履行社会记录者的职能，而应该主动为社会设置议题，挖掘和推出榜样楷模、职业标杆。美国心理学家凯利（H. Kelly）认为，晕轮效应是指一个人的某种品质，或一个物品的某种特性给人以非常好的印象。在这种印象影响下，人们对这个人的其他品质，或这个物品的其他特性也会给予较好的评价，它是一种影响人际知觉的因素，指在人际知觉中所形成的以点代面或以偏概全的主观印象①。使他们全心全意地融入崇拜偶像的精神世界中去，产生强烈的思想共鸣。

第二，商业策划。消费社会已经渗透到文化领域。消费社会又被称

① 晕轮效应［EB/OL］.［2020-10-20］. https://baike.sogou.com/v117270.htm?fromTitle=%E6%99%95%E8%BD%AE%E6%95%88%E5%BA%94.

为媒体社会、大众社会，大众传媒是最权威的声音。电影、电视等传统媒体和手机、网络等新兴媒体通过广告等形式，将影视明星、企业家和体育明星等推到了大众面前[①]。

随着消费社会的到来和偶像工业的崛起，偶像被批量生产出来，以供消费。人们对偶像，尤其是消费型偶像的崇拜，在很大程度上正是被商业策划和制造出来的。在偶像工业中，偶像成了娱乐产业流水线上的商品，成了一种被兜售的对象、粉丝经济链条中的一环，其商品价值大于偶像精神本身，商家利用粉丝对偶像的崇拜完成资本的增值。偶像的精神光辉使社会价值变得不再重要，重要的是能够聚集用户，使用户能够沉迷于这种消费中并越陷越深。因而，商业资本需要做的就是要加剧粉丝的盲目性，激发粉丝的狂热，使其沉浸在商业包装下偶像光鲜靓丽的“人设”中，使粉丝愿意去消费自己的时间与金钱。

第三，社会文化环境。青少年的大多数时间都是在学校里和自己的同龄群体一起学习和游戏，再加上这一时期的青少年心智发育还尚未成熟，缺乏对事物的准确判断能力，行为方式和价值观念极易受到周围人群的影响。所以，许多青少年会在周围同学的带动下，受从众心理的影响，跟随别人一起崇拜偶像。这是一种非理性的选择方式，一味的盲从最终可能会导致青少年失去方向，形成对偶像的盲目迷恋，从而引发严重的后果，甚至造成更多“杨丽娟事件”的发生[②]。

---

① 闵丽 . 当代中学生偶像崇拜的后现代特征［J］. 青年研究，2003（3）：9-14.

② 李可安 . 从社会心理学角度浅谈青少年偶像崇拜现象［J］. 山东青年，2015（6）：16-17.

第四，媒介渲染。大众传媒对个体的影响，一直以来都被研究界所关注。早在20世纪30年代，Lazarsfeld和Stanton就提出了“万能效果论”，认为传媒的传播效果十分强大，人们借助大众传媒接受到大量相同的信息，这些信息在日复一日地重复中，对阅听人产生了模塑、灌输的作用，从而使个体形成一致的想法。当今偶像崇拜的一大特点就是偶像崇拜深受传媒影响。偶像明星作为商业时代青少年生活的幻觉符号，他们必定是众多眼光的焦点，也因此成为商业公司赚取利润的焦点。青少年对探知偶像明星生活轶事的市场需要形成强大的“星闻”效应，这种效应借助传播媒介促成了娱乐报道的繁荣。明星不折不扣地成为商品，他（她）的任何属性都被拿到市场上进行贩卖。在这样的背景下，商业化、娱乐化信息大行其道，各媒体以收视率和发行量为内容优劣的衡量标准，导致新闻以商业市场为取向。由此，皮埃尔·布迪厄（Pierre Bourdieu）指出，偶像之所以成为偶像，正是借助电视强有力的煽动性和情绪效果。

以电视为代表的大众传媒，通过制作精美的图像和影音，塑造了大量热门的明星人物，并赋予他们名气，这些人物又透过传媒者的精心运作和高频次的宣传，使人不假思索地接受并认同其衣着打扮、生活方式等，也使偶像崇拜高度渗透到青少年的日常生活中，从而强化了青少年偶像崇拜的意愿。

由社会学习理论可知，大众传媒对个人与集体都具有极大的影响力，它是社会学习的重要工具，常在无意间成为行为的模范。青少年对大众传媒的接受度较高，受影响的程度更深；大众传媒常通过制作精美的图像和影音，使人不假思索地接受其所描述或强调的一切，也使偶像崇拜高度渗透到青少年的日常生活中；电脑提供了青少年自由拟就的社会情境，以满足现有生活中发展独立自主空间的需要，促使青少年借助模拟演练成人社会及青少年次文化对他们的角色期待。因此，大众传媒和电脑的交互作用为青少年的偶像崇拜推波助澜。

网络作为偶像崇拜的新平台，在新生代青少年的崇拜行为中，扮演了重要角色。有研究者在调查的基础上发现，网络成为青少年获得平民偶像信息的主途径之一。他们的网络接触行为主要为“访问贴吧、论坛、官方网站”“访问或建立相关博客”“加入相关 QQ 群”三类。产生这三类行为的青少年人数比例依次递减；青少年偶像崇拜的网络接触行为存在性别差异和受教育程度差异，并且其网络接触行为停留在“信息获取”层面[①]。

作为一种社会现象，偶像崇拜既是时代与社会的产物，又是情感、文化与价值观念的产物。在偶像工业中，除了商业资本的运作之外，媒介的传播也是必不可少的条件之一。伴随新媒体的产生与发展，偶像崇拜也越来越渗透着新媒体的影响[②]。大众传媒（如网站、电视台）的迅速发展也起到推波助澜的作用，通过电视节目、虚拟网络、明星演唱会、报纸杂志、音像制品、时尚消费等各种途径全方位、多层次地感知偶像。通过精心策划运作和高频次曝光，宣传塑造了大量“人气偶像”，使偶像崇拜高度渗透于青少年的日常生活中。通过制作色彩斑斓的图像和具有煽动性的影音

① 温海玲 . 新生代 · 新偶像 · 新平台：青少年平民偶像崇拜的网络行为研究［J］. 广东广播电视大学学报，2007（5）：46-50.

② 樊葵 . 传媒崇拜：现代人与传媒的异态关系［D］. 杭州：浙江大学，2006.

视频，赋予偶像人物“美好”的标签，使青少年接受并认同其衣着打扮、生活方式等，从而强化了青少年的偶像崇拜[①]。

除此之外，随着互联网技术的发展，自媒体成为媒介传播的重要力量。自媒体的意义不仅在于通过用户参与内容生产扩展了粉丝表达对偶像崇拜之情的空间，更在于为粉丝寻找“志同道合”的“圈内人”、寻求身份归属和集体认同构筑了一个平台，产生了新的交往模式，促进了社群的互助和认同，催化了“饭圈”（即粉丝圈）的形成。“饭圈”作为一个具有共同兴趣和利益的组织群体，其氛围具有强大的感染力，其行动和目标的整齐划一使任何一个身处其中的人都能产生强烈的归属感，网络用语“脑残粉”从侧面展现了现代社会里狂热的粉丝现象。一系列的事件背后所折射的是狂热粉丝型受众的媒介素养不高、逐渐丧失自我的问题，他们的情感和判断会被高度同质化，或者说被洗脑。这也正是当前偶像崇拜狂热性、盲目性及高消费性等负面问题产生的重要原因之一[②]。

青少年的明星偶像崇拜是一种社会交换行为。崇拜者通过收看明星的节目或比赛换取内在报酬，明星用物化的自己换取外在报酬。

明星崇拜对青少年的影响既有积极的一面，也有消极的一面。在对待青少年明星偶像崇拜问题上，家长、学校和社会需要肩负起各自的责任、共同努力，特别是大众传播媒介一定要提高责任意识，净化娱乐文化环境。在青少年出现严重的追星行为时，家长和学校可以借助于社会工作者提供

---

① 宋滢滢 . 新媒体时代的青少年偶像崇拜现象研究［D］. 南京：南京财经大学，2015.

② 曾玉琴 . 偶像崇拜中的“乌合之众”：网络传播中“歇斯底里的”粉丝特征与行为研究［J］. 戏剧之家，2014（6）：356.

的专业服务。

明星崇拜作为一种独特的社会心理现象，尤其是作为青少年中的一种流行时尚，它的出现和蔓延与特定的心理背景、社会基础、文化氛围、价值观念和心理机制等方面相关联①。

在人类文明的历史长河中，偶像崇拜由来已久，几乎存在于任何民族、任何社会，是人类社会性的一种体现。只是在人类发展的不同历史阶段，人们所崇拜的偶像在表征形式、投入程度与崇拜时间的延续性上存在区别。也正是这些区别，可以让人们窥视不同民族、不同社会、不同文化之间的差异。自新中国成立以来，随着社会的进步和经济的发展，虽然我国偶像群体几经变迁，但是仍然可以清晰地看到不同年代的偶像曾经做出的大众标尺以及他们身后所折射出的社会文化观念的巨大流变。从 20 世纪五六十年代的一体化政治意识形态的化身到改革开放后的港台商业明星，再到新世纪时尚的引导者、草根英雄，当代偶像随着大众文化的蓬勃发展及消费社会、大众媒介的迅速扩张而不断推陈出新，并带来一系列与之相关的社会文化变革。偶像崇拜作为一种普遍的社会文化活动，充斥于人们日常生活的各个角落。偶像文化作为当代审美文化的重要分支，也成为当今文化研究的热点问题。所以，有研究者在当代审美文化背景下，以当代偶像为文本，对当代偶像的变迁、变迁的原因及粉丝的崇拜心理等问题进行了系统的描述和深入的探讨。偶像崇拜是当代审美文化的重要现象，审美文化的变迁也影响着偶像崇拜的变迁。偶像变迁的原因主要有偶像崇拜

① 罗晓珍. 当前青少年偶像崇拜的原因分析[J]. 郑州铁路职业技术学院学报，2004(3): 9-10.

心理的世俗化演变，从“精英文化”到“草根文化”的转变，消费社会及消费文化的兴起，大众媒介的不断扩张这四个方面。粉丝是当代偶像的群众基础，只有通过对粉丝的日常崇拜行为的形成和崇拜的心理机制及群体特征进行解析，才能提出正确的引导方法。有研究者将偶像置于审美文化、消费文化、媒介文化的大环境下进行考察，采用跨学科研究法，在运用文化研究理论的基础上，综合文艺学、美学、传播学、社会学、心理学等方面的理论，对偶像变迁进行了多方面的考察。力图对偶像变迁现象作出一次综合性的分析，作为引导崇拜行为更加理性的依据；明星的产生是因为他们可以被物化成商品，当某个艺人得到了人们的认可，使人们认为他能给自己带来精神或感官上的愉悦，并能为公司和传媒创造足够多的利润时，他就蜕变成为“明星”[①]。

3.2.3.5 偶像崇拜的“双刃剑”作用

有调查发现，偶像崇拜既可以对青少年的健康发展起到激励和充实作用，也可能导致其盲从等消极效应。

（1）偶像崇拜的正向功能。从偶像崇拜的影响和作用来看，依据其程度不同，会对青少年的内心活动和外在行为产生不同的影响。一般而言，实质性的崇拜、理性的崇拜及创造性的崇拜都会对青少年产生积极的作用，而非实质性崇拜、盲目崇拜及屈从性崇拜则会对青少年产生消极影响[②]。

---

① 林喆．从“英雄偶像”到“平民偶像”：当代审美文化中的偶像变迁［D］．上海：上海师范大学，2011.

② 何小忠．青少年偶像崇拜与教育［D］．苏州：苏州大学，2005：34-36.

从整体来看，近年来，随着新媒体的出现，青少年偶像崇拜的两极化趋势明显，偶像崇拜的低龄化现象日益严重，且对青少年的消极作用日益加强。

在英雄没落和信仰缺失的时代，明星偶像成为人们填补心灵空虚和寄托信仰的主要对象而备受热捧。青少年偶像崇拜是以对明星群体为对象而进行的崇拜，它是当代大众文化流行以及各国文化交融的体现，是对理想中的人格符号的向往。崇拜偶像在一定程度上给青少年个体的生活带来了乐趣，也让他们减轻了压力和更有志向，从某种程度上促进了青少年社会化[①]，同时对社会发展具有一定的积极作用。

①偶像崇拜对青少年个体的积极作用。

第一，偶像崇拜对青少年个体的心理影响。偶像崇拜在青少年个体心理上主要有三大作用。第一，心理投射（projective effect）。心理投射是崇拜者将现实中自我的某种梦想、欲望和缺憾投射到偶像身上的倾向[②]。每个人都有自己的梦想和欲望，而且理想与现实之间总是存在差距。当个体或群体的某些理想和欲望在现实生活中不能实现时，对偶像外貌、才能、兴趣、性格等特质和事业、财富、魅力等成就的迷恋就成为自我心理安慰的特殊方式。第二，心理补偿（compensation effect）。心理补偿是崇拜者通过敬仰和崇拜某个偶像来获取自我感受和与人交往上的满足。人们在崇拜某个偶像的过程中，通过发现并认同偶像某些与自己相

① 杨迪．当前青少年偶像崇拜行为的调查分析及应对策略［J］．管理观察，2017（5）：95-96，99.

② 岳晓东．我是你的粉丝：透视青少年偶像崇拜［M］．上海：上海人民出版社，2007：169.

似的特点或经历，从而在自信心、自我意识、自我确认及人际交往等方面获得不同程度的满足感和成就感，而这种补偿作用可以大大强化其偶像崇拜的欲望。第三，心理认同（identification effect）。心理认同是崇拜者接受偶像的言行及自身价值的心理，产生自我认同的力量。偶像是崇拜者梦想的投射，是人们心中美好情感与梦想的寄托，因而偶像往往具有崇拜者所欣赏的魅力和向往的成功，偶像的言行是拥趸模仿的标杆，甚至能给予他们战胜困难和挫折的勇气①。

第二，偶像崇拜促进青少年的自我同一性。埃里克森的自我同一性理论认为，青少年处于“同一性对同一性混乱”阶段。通过一定的方式引导中学生更理性地崇拜偶像，将偶像榜样化，期望能够间接地帮助中学生形成自我同一性②。有研究者发现，偶像崇拜与中学生的自我同一性密切相关，其中理性崇拜与“工作无力”“自我确信”显著负相关；非理性崇拜与“权威混淆”“自我怀疑”“工作无力”显著正相关，且中学生的偶像崇拜对同一性有一定的预测作用。理性偶像崇拜和非理性偶像崇拜均与中学生的心理健康及其所有维度显著相关，且中学生的偶像崇拜倾向对心理健康有一定的预测作用。偶像崇拜倾向、自我同一性可以直接影响中学生的心理健康；同时，同一性是偶像崇拜倾向与心理健康之间的中介变量③。

第三，偶像崇拜提高青少年的自我价值感与主观幸福感。有偶像的学

---

① 余理，李平，陈丽．崇拜心理学［M］．北京：华龄出版社，1997.

② 郜少奇．初中生偶像崇拜与自我同一性的关系［D］．呼和浩特：内蒙古师范大学，2018.

③ 王楠．中学生偶像崇拜与自我同一性、心理健康的关系研究［D］．石家庄：河北师范大学，2008.

生的自我价值感显著高于无偶像的学生，这意味着偶像崇拜对自我价值感发展具有重要意义。处在“很崇拜，理智”水平上的中学生大部分自我价值感程度都高于“一般崇拜”“非常崇拜”水平。崇拜偶像的不同方面与中学生自我价值感呈显著相关，偶像的“社会性品质学习”对中学生自我价值感的成长有显著影响[①②]。

实证研究结果发现，有偶像的大学生总体自我价值感得分在专业类别维度上差异显著。自我价值感的各个维度在不同的偶像崇拜内容类型和原因类型方面均差异显著。在大学生偶像崇拜的类型中，歌星影星的数量最多，其次是商界成功人士，最后是体育明星。把偶像崇拜分为感性崇拜、成就崇拜和人格崇拜。其中，崇拜偶像的相貌、嗓音、气质等外表特征称为感性偶像崇拜；崇拜偶像所取得的成就称为成就崇拜；崇拜偶像的品质、毅力和人格魅力称为人格崇拜。男同学成就崇拜和人格崇拜的比例更高些，而女同学感性崇拜的数量更多[③]。

有研究者选取 271 名初中学生作为被试对象，采用黄希庭的《自我价值感量表》，考察了中学生偶像崇拜与自我价值感的关系。结果发现，在中学生偶像崇拜与自我价值感关系方面，得出与以往研究相异的结论，即有偶像和无偶像的中学生在不同维度的自我价值感上均没有显著

---

① 李丽兰 . 中学生偶像崇拜及其与自我价值感关系的研究［D］. 南京：南京师范大学，2007.

② 黄倩 . 初中生偶像崇拜特点及其与自我价值感关系的研究：以天津市某中学为例［D］. 天津：南开大学，2009.

③ 郭鹏 . 大学生的偶像崇拜与自我价值感关系研究［D］. 保定：河北大学，2013.

差异[①]。

有研究者以295名初一到高三的中学生为调查对象，考察了性别、年级和崇拜的偶像类型对中学生偶像崇拜理性程度和其主观幸福感的影响[②]。

第四，偶像崇拜与学业成绩、学业自我的概念。有偶像与无偶像中学生的学业成绩没有显著差异，偶像类型与偶像崇拜程度在学业成绩上的交互作用显著。“非常崇拜，迷恋”歌星影星、体育明星的中学生的学业成绩显著低于“很崇拜，理智”的中学生。然而，“非常崇拜，迷恋”著名人物的中学生学习成绩显著高于“一般崇拜”的中学生[③④]。

学业自我概念及其各维度在有无偶像之间不存在显著差异，主要偶像类型对学业自我概念具有显著主效应，有无偶像和主要偶像类型对学业成绩均没有显著主效应[⑤]。

有偶像的学生的自我概念显著高于无偶像的学生，主要在同性关系自我、异性关系自我、非学业自我概念上存在显著差异。在有无偶像维度上，女生的

---

① 黄倩．初中生偶像崇拜特点及其与自我价值感关系的研究：以天津市某中学为例［D］．天津：南开大学，2009.

② 乔志宏，张菁，车宏生．中学生偶像崇拜、主观幸福感及其关系的研究［J］．中国青年研究，2010（5）：79-82.

③ 梁旗．初中学生偶像崇拜与自我价值感、学业成绩的关系研究［D］．长春：东北师范大学，2005.

④ 李丽兰．中学生偶像崇拜及其与自我价值感关系的研究［D］．南京：南京师范大学，2007.

⑤ 姚计海，申继亮，张彩．中学生偶像崇拜与学习自我概念、学业成绩的关系研究［J］．应用心理学，2003（1）：18-23.

同性关系自我、一般自我概念存在显著差异，男生的同性关系自我、一般自我、非学业自我和量表总分存在显著差异①②。

美国著名心理学家佩莱丝和菲尔德胡森对此也有相似的观点，他们认为，偶像的存在是促使青少年进行深入的自我认识和自我探索的重要基础。如果他们没有偶像的正面力量在精神上对其进行支撑，青少年人群就很有可能会产生忧郁、躁动、恐慌等一系列负面情绪，甚至会做出一些不成熟的行为。

第五，偶像崇拜与青少年健全人格的形成。一些学者认为，偶像崇拜虽然只是青少年成长过程中一种必然性、过渡性的心理现象，但它对青少年的人格形成、人生定位往往能够产生重要影响。若青少年仅仅崇拜偶像的外在光环，则是一种肤浅、盲目的崇拜，非但不能对青少年的人生发展起到指引作用，反而会误导，致使青少年产生迷茫和失落，影响其身心健康成长。如果青少年能够看到偶像成功背后的努力、良好的品质和人格魅力，把简单的偶像崇拜上升到榜样学习层面，就会对青少年的发展大有裨益。一方面，可以激发青少年的成就动机，培养其奋发向上的精神、不断进取的信念。另一方面，榜样的力量能够化解青少年的许多的烦恼和困惑，帮助青少年实现自我超越，丰富、完善内心世界，最终找到通向成功的道路。而要实现从偶像崇拜到榜样学习的跨越，就必须适时地加以引导，帮助青

① 姚计海，申继亮．中学生偶像崇拜与自我概念的关系研究［J］．心理科学，2004（1）：55-58.

② 梁耀文．大学生偶像崇拜与自我概念的关系探究［J］．课程教育研究，2018（9）：252-253.

少年认清二者之间的区别和联系，养成积极向上的个性。

第六，促进青少年的社会化。偶像崇拜是一种源自远古的特殊社会现象，它在人的成长过程中及人的社会化进程中都起着非常重要的作用。青少年时期是从儿童过渡到成人的十分特殊的发展阶段，其心理活动方式及内容既区别于儿童又有别于成年人，他们在认知、感官、情感、能力、人际交往等方面都发生了特殊变化，因此出现了一些较为特殊的心理活动及方式；亲子冲突、自尊下降、情绪波动、叛逆行为、从众心理、暴力冲动等成为青少年普遍的心理现象。青少年刚刚从迷茫混沌的状态中走出来，需要通过对某些成年或者同龄偶像人物的认同以确认自身价值所在。

偶像人物也可被视为青少年社会性发展过程中的一个榜样。青少年对他们的崇拜，既是对于所认同人物的行为、外表等外在特征的模仿，更重要的是对他们人格等内在特质的理解和对自我的探索。正是这种合理模仿，使青少年从偶像身上学习到社会所认同的价值取向和社交技巧，促进他们的社会性和个性发展。

因此，追星可谓青少年成长过程中存在的一种阶段性行为，本质上反映的是青少年在自我蜕变过程中对理想人物的社会认同和情感依恋。青少年不可能进行真正的社会活动，模仿和认同的对象主要依赖大众媒体的导向，如韩剧中的明星大多 20 多岁，年轻、活力四射，正好符合青少年心理模仿和投射的需要。青少年追星的一系列行为符合这一时期的心理需要，其心理意义是“我将要做那样的人、我要过那样的生活”。换言之，崇拜偶像只是榜样学习的一种延伸，没有偶像的生活甚至可以算是不完整的人生。

偶像崇拜是青少年在成长过程中的一种阶段性行为，也是青少年走向成年的一种过渡性行为[①]。偶像崇拜的参与者以青少年为主，从心理学角度看，偶像崇拜具有自我平衡功能、情感依托功能及群体归属功能，能够帮助青少年在特殊时期更好地调节和平衡情绪，使成长期懵懂、空缺的情感得以寄托，在参与朋辈群体获得群体归属的同时，通过对偶像的模仿达到自我激励及个性学习的效果。这对青少年顺利渡过“过渡期”难关，健康成长具有重要的意义。青少年内心有一个稳定良好的崇拜对象，这个崇拜对象将会对他们起到积极作用，并影响人生选择，同时给他们带来自豪感。

② 偶像崇拜的社会效应。

第一，偶像崇拜的凝聚作用。偶像崇拜的群体会对社会成员间的团结、凝和起到一定的作用。社会生活是以群体形式进行的，人们总是生活在不同规模与类型的群体之中。对偶像的喜爱是促成群体集结的原因之一，也是各种群体的形式之一。各种社会小团体发展和团结对社会的稳定和凝聚具有正面效果，特别是网络的发展和应用，为同嗜性团体的建立提供了更大的便捷，为疏离和隔膜的现代人之间的交流提供了平台，对整个社会的和谐融合也是有所帮助的。

第二，偶像崇拜的公益作用。榜样的力量是无穷的，正面的明星形象具有很好的榜样和引导作用。一方面，偶像的人格力量会对粉丝产生直接而巨大的影响，如偶像面对困难与挫折的勇气和毅力、对工作的兢兢

① 岳晓东，严飞 . 青少年偶像崇拜之心理机制探究［J］. 中国德育，2006（12）：11-16.

业业等内在优秀品质，会带给粉丝积极的影响。信仰危机是现代社会的三大危机之一，通过塑造、传播偶像的正面形象，可以在一定程度上起到很好的榜样教化作用，引导青少年形成积极向上的人生态度，坚强地面对生活中的挫折和逆境。另一方面，由偶像的号召力组织起来的公益活动，也具有相当大的社会价值，如一个韩国演唱组合“神话”的中国歌迷组织就曾发出倡议，在歌迷群体内举办了“万众一心护春蕾”捐款活动，将筹集到的捐款以“神话”成员金东万的名义捐赠给中国青少年儿童基金会“春蕾计划”，用以资助贫困地区失学女童重返校园。又如2006年，李宇春的歌迷通过中国红十字基金会捐设了“玉米爱心基金”等；2007年成立了粉丝公益联盟，有许多明星的粉丝组织都加入其中，而且大部分粉丝对这种公益活动都持支持态度。

2020年突发的新冠疫情给世人带来巨大损失与恐慌，很多明星都向一线疫区捐款捐物，如韩红作为娱乐圈中的慈善代表，凭借自己的号召力，创办了基金会，一直坚持做慈善。在国内每一次遇到非常重大的自然灾害，韩红与她的基金会都会第一时间出现在灾区，累计捐款10亿元①。新冠肺炎疫情发生后，韩红爱心慈善基金会积极响应党中央的号召，按照有关部门对于抗击疫情的具体工作方针，迅速行动，发起“韩红爱心驰援武汉”项目。再如，“大衣哥”朱之文，他爱心满满，在做公益的路上从来没有“掉队”，曾于2019年在当地举办的“农民丰收节”上直接捐赠140万元，用于当

① 疫情期间，众明星纷纷捐款捐物［EB/OL］.（2020-02-11）［2020-10-20］.https：//www.baidu.com/link?url =OQ7VZNs1VCu3nGMA8_iYYgvQG5hH0oCh122U5MS9dCn6l_Al9Z7hFMVFWsV1VfcP5jAsaXX9gWG33GnUwBTUa_&wd=&eqid=de99da2b00013634000000065ef1b57e.

地助农[①]。新冠疫情爆发后，他第一时间向当地相关部门捐赠了20万元用于防疫工作；随着疫情的加重，他又追加捐赠20万元[②]。明星的公益行动值得人们佩服，对青少年的偶像崇拜具有风向标的作用。

图3-2　韩红爱心慈善基金会

第三，偶像崇拜的社会安全阀作用。在社会转型时期，社会矛盾复杂多变，结构性压力始终存在。通过参与偶像崇拜团体，参加偶像崇拜的消费和娱乐，可以释放一部分压力，同时获取精神寄托，从客观上也起到了一种良好的社会安全阀效果。就成年人来说，其参与偶像崇拜主要在于娱乐，同时增加社交活动、获得社会接纳，这不失为一种良好的社会矛盾疏解途径。

第四，偶像崇拜的经济效应。由于偶像本身就是一个品牌，具有极大

---

① 大衣哥朱之文为家乡捐款140万，为自己却舍不得多花钱［EB/OL］.（2019-09-21）［2020-10-20］.https：//new.qq.com/omn/20190921/20190921A0O4SE00.html.

② “大衣哥”朱之文，再次追加捐赠20万，明星捐款超5.7亿元［EB/OL］.（2020-02-18）［2020-10-20］.https：//www.sohu.com/2020-2-18.

的号召力，可以对消费起到很好的促进作用。因此，偶像不仅可以代言其本人的娱乐价值及娱乐产品，如影视作品的价值，而且可以代言很多娱乐性质以外的商品的价值，利用其知名度和号召力来拉动消费。因此，偶像及其代言的产品可以对消费起到很好的促进作用，形成粉丝经济[①]。

粉丝文化的出现及发展，究其本质，就是源于人们对快乐和美好事物的追求和享受。随着大众文化的商品化速度加快，粉丝经济也得以迅速发展。粉丝经济是媒介汇流下的新经济模式，是企业向多元创意型迈进的因应之道。粉丝经济以情绪资本为核心，以粉丝社区为营销手段增值情绪资本。粉丝经济以消费者为主角，由消费者主导营销手段，从消费者的情感出发，企业借力使力，达到为品牌与偶像增值情绪资本的目的[②]。在粉丝经济时代，粉丝即是生产力和经济效益，商品的使用价值已经不再是粉丝型消费者购买商品时考量的最主要因素，商品的魅力价值成为许多粉丝选择商品的重要原因。粉丝通过消费由偶像代言的商品来获得象征资本。

近年来，随着文娱产业的蓬勃发展和粉丝群体的不断增多，偶像崇拜成为一种广泛存在的社会热点现象，并开始对粉丝群体的行为决策产生越来越大的影响。青少年粉丝对其偶像的认同会产生粉丝投入，粉丝投入是青少年崇拜偶像的主要方式，包括经济投入与时间投入。因为追寻偶像而带来的旅游行为引起人们的关注，并在小众旅游领域刮起了追星主题游风

---

① 刘小立. 当代偶像崇拜现象的社会学分析［D］. 成都：四川省社会科学院研究生学院，2010.

② 张嫱. 粉丝力量大［M］. 北京：中国人民大学出版社，2010：97.

潮，为专项游市场带来了新的旅游经济增长点[①]。调查发现，绝大部分青少年粉丝能将自己的投入控制在合理的范围内，做到理性崇拜。与粉丝投入相联系的便是粉丝文化，粉丝文化的作用使青少年粉丝对偶像的归属程度加深，即归属感—粉丝投入—粉丝文化—归属感，表现为一种周而复始的循环过程。

（2）偶像崇拜的消极影响。当今社会，青少年偶像崇拜已经成为非常普遍的现象，对于部分青少年来说，偶像崇拜的负面影响较为突出。过度偶像崇拜会给青少年带来一系列的负面影响[②]。

① 偶像崇拜失当。首先，对青少年而言，由于其心理发育不成熟，对偶像的崇拜容易把握不当，以致走入极端，不利于健康成长。一方面，参与偶像崇拜的各种活动容易导致青少年花费过多的时间和精力，甚至荒废学业、工作。青少年自我控制能力不强，看待问题易受情感的支配，对偶像的认同往往过于理想化，容易产生一些过度和过激的行为。例如，只要出现有关偶像的任何负面消息，他们便会大肆反驳，甚至群起而攻之，完全不去探究信息的真假。所谓过犹不及，刘德华的粉丝杨丽娟无疑成为偶像崇拜过于极端最具负面作用的代表。另一方面，青少年沉醉于虚拟的准社会交往之中，忽略现实或排斥现实生活内容，淡薄自我信念，在偶像面前，产生自卑心理，如果脱离社会现实和社会关系，容易导致自我封闭，与他人交往和沟通能力减弱。

---

① 展梦雪．偶像崇拜亚文化对旅游意向的影响研究：以中国韩流粉丝为例［D］．南京：南京师范大学，2017.

② 胡维成．偶像崇拜对青少年的负面影响及应对措施［J］．职业，2016（9）：158-159.

② 偶像消费过度。无论是青少年还是成年人，都存在消费观念不成熟的现象，其消费行为往往会变得冲动而缺乏理智，而过度高消费会形成巨大的浪费。例如，韩国某偶像组合成员 JunJin 的生日，JunJin 的中国歌迷网集资赠送他昂贵生日礼物，共花费人民币 31469.43 元。这样的高消费对个人和社会都没有重大意义和积极的作用。

③ 偶像形成拜物风。由于现代媒体针对偶像崇拜缺乏正确的引导，甚至人们会在媒介的误导下，只看到被包装得光鲜亮丽的明星的外表，以及他们豪奢挥霍的生活，从而形成崇尚金钱、追逐名利的错误的人生观和价值观。

④ 偶像产生的消极亚文化倾向。从社会整体角度来看，当代的偶像崇拜内在化程度远远低于传统的榜样学习，在很大程度上，只是为了轻易获得感官的轻松愉悦和浅表的欣赏。偶像崇拜者已很少去追逐科学家、思想家和政治领袖人物，更多的是世俗的明星或实业家。在原本意义上的偶像身上精神层面的价值、需要内化和领悟的却往往被忽略。庸俗的文化元素由于有了时尚的标签而成为被追逐的潮流，高尚深刻的元素却被颠覆为落伍。偶像现象作为时尚成为媚俗的表达。然而，民族精神、社会文化却是需要榜样而非偶像引领的。

总之，偶像崇拜只是一种社会现象。任何社会现象的出现都有理由，包括正面的作用和负面的影响，任何社会问题都是社会发展过程中不可避免的产物。作为社会有关部门，如学校、媒体，要肩负起力促其正面效应的最大化及负面影响的最小化的职责，致力于正确引导，而不能仅仅追求经济利益。

⑤病态的偶像崇拜不利于青少年心理健康成长。

第一，影响青少年人格特征和心理健康水平。青少年的偶像崇拜态度与人格特征和心理健康水平显著相关。有研究结果表明，参加歌影迷会的“青少年—偶像崇拜组”比非歌影迷会“青少年—非偶像崇拜组”表现出更高程度的偶像崇拜，并且也更容易发生病态的偶像崇拜行为。偶像崇拜组的青少年心理健康水平比非偶像崇拜组要差，并且在躯体化、人际关系敏感、抑郁、偏执、精神等方面出现心理问题。在人格特征方面，偶像崇拜组表现出高外向性、高神经质、高精神质人格特点；在偶像崇拜性别方面，女生比男生更容易发生高程度偶像崇拜行为——病态的偶像崇拜。处于发展中的青少年，尤其是初中阶段的青少年更容易发生偶像崇拜行为。受教育水平的不同会影响其心理健康水平，大学生的心理健康水平高于初中生和高中生。心理健康水平可以直接影响偶像崇拜态度，也可以通过神经质、精神质等人格特征中介，间接地影响偶像崇拜的态度。运用神经科学的研究方法（ERP 研究），初步证实了偶像崇拜的神经活动基础与冲动控制、情绪密切相关①。

由于青少年的自我控制能力不强，看待问题易受情感的支配，对偶像的认同往往过于理想化，对偶像明星的过分认同、依恋容易产生一些过度和过激的行为；容易充满幻想，不切实际，疯狂的追逐使理智下降，还有可能酿成恶果。青少年沉醉于虚拟的准社会交往之中，忽略了现实或排斥现实生活，绝对化地看待偶像而出现盲目的追随或迷信。一些“脑残粉”

---

① 柳力平．青少年偶像崇拜态度与人格和心理健康的关系研究［D］．西安：陕西师范大学，2008.

为了满足偶像的需要或为了表示自己对偶像的崇拜，做出种种超越社会规范的行为，甚至不惜伤害自己或他人[①]。

第二，影响青少年的自信心。由于对偶像缺乏合理的认识，青少年极易过分高估明星的价值，对其形象过于理想化，从而相应地贬低了自身的价值，盲目崇拜导致自信心下降。

第三，影响青少年的价值观。一些青少年对偶像缺乏了解，过分仰视和着迷偶像的靓丽外表，不加选择地认同偶像的全部行为表现、价值观点及所有品质。有时会引导青少年产生一种超越现实的感情体验，使他们脱离现实而进入一种虚幻的世界，青少年不再努力追求自我价值的实现，不再接受正面的思想榜样教育而逃避约束，急功近利，梦想一夜成名，放纵自我[②]。一些青少年对偶像的缺点和错误也不加分析地欣赏、认同和效仿，从而染上一些不良品行。

第四，不利于情感培养。不当的偶像崇拜易使青少年过于沉迷于虚幻的情感投入，忽略、排斥现实生活中的情感体验，在时间和精力上都会占用青少年同家人、亲友的感情交流。

第五，影响青少年的学业成绩。不当的崇拜偶像给青少年的生活带来了不利影响。青少年偶像崇拜消极影响的主要因素包括爱看电视、浪费太多时间、花太多金钱、上课分心，影响了学业成绩。

⑥ 不当的偶像崇拜不利于青少年的家庭和谐。偶像消费观念不成熟，消费行为往往会变得冲动而缺乏理智。过度高消费，对没有经济来源的青

---

① 赵畅．当代青少年偶像崇拜研究［J］．中国青年社会科学，2019（6）：117-122.

② 张碧婷．论偶像崇拜产生及其对青少年的影响［J］．理论观察，2007（6）：53-55.

少年来说，无疑增加了家庭的经济负担，对个人和社会都没有重大意义和积极作用[①]。

⑦不当的偶像崇拜不利于社会可持续发展。

第一，不利于传统文化的继承与弘扬。偶像崇拜、追星热等所推崇的都是现代流行的快餐文化，虽然“创新性”很强，但不利于中华优秀传统文化的继承与弘扬。同时，随着全球化的交流与传播，一些发达国家的文化产业与商业模式运作能力较强，大大吸引了我国广大的青少年，使其为之着迷，进而忽略了本国文化。

第二，不当的偶像崇拜不利于社会主义精神文明建设。不当的偶像崇拜产生的消极亚文化倾向不利于社会主义精神文明建设。偶像崇拜表层化，“颜值即正义”，对偶像的关注更倾向于其外部形象和特征，而不太关注其内在品质，不注重文化修养，不利于青少年正确的人生观、价值观的形成。青少年的思想出现偏差对社会发展是有百害而无一利的。青少年过度的偶像崇拜还进一步滋生了以营利为目的的商业化模式，商业模式的偶像包装又进一步反作用于青少年，形成恶性循环，这就严重地影响了社会主流正能量文化的传播，不利于社会主义精神文明建设和社会主义核心价值观的弘扬。

第三，冲击传统榜样教育。青少年由于在心理发展方面尚未成熟，很容易依赖外在的精神力量，形成偶像崇拜。由于传统榜样教育树立的榜样形象和他们的生活与年龄段都存在一定的距离，容易产生疏离感和陌

---

① 杨静．关注网络粉丝俱乐部群体［J］．青年探索，2008（1）：77-79.

生感，再加上网络和媒体对明星偶像的大力炒作，很容易使青少年从榜样崇拜转向偶像崇拜。各类媒体所展现的明星偶像，与学生年龄差距不大，时代感很强，所报道事迹多为短期内发生的事情，带着一种强烈的贴近感。青少年在这种“准社会交往”中，得到了一种特殊的人际交流，自然会将这些明星人物在媒体中介中当作一种真实人物进行情感认知，最终产生一种特殊的心理认同，发展到一定阶段后，这种心理认同就上升至偶像崇拜。他们更愿意把那些年轻、时尚、充满活力的明星当作自己理想的偶像，去模仿他们的外表或者行为，而不是去崇拜那些概念化的英雄和伟人，使传统的榜样教育走向边缘化[①]。

综上所述，青少年偶像崇拜是青少年对个体欲望增强期因脱离对父母的依赖而产生的情感真空的一种补偿，是在自我同一性的角色冲突期追求自我肯定和理想自我的一种特殊形式，是受大众传媒强化和朋辈团体影响的结果，是填补情感空虚而对认同人物产生的模仿行为，是思想意识、思维方式不稳定、不成熟的表现。

---

① 王欣悦．榜样教育的心理学分析［J］．教育艺术，2012（11）：173.

4 体育明星崇拜研究

4.1 体育明星崇拜的发生与流变

体育明星崇拜经历了一个由宗教驱动、人性驱动、政治驱动到商业文化消费逻辑驱动的历程。在这一过程中，凸显了个体、群体和社会对体育明星崇拜在心理上由神圣角色向商业化和世俗化发展，最终致使对人的异化和社会距离的不断拉大；宗教的光环逐渐褪色，人的形象已经取代了神的光辉，对体育明星异化、抽象为国家机器、社会财产、特权及扭曲的符号图像。

4.1.1 远古时期的体育明星崇拜

英国历史学家托马斯·卡莱尔（Thomas Carlyle）曾说："只要有人的存在，崇拜就会永远存在"[①]。在人类的历史进程中，人类一出场就是

---

① 宋新影. 重评托马斯·卡莱尔的历史思想［D］. 济南：山东大学，2005.

脆弱的，不可避免地遭遇生存、环境等许多无法抗拒的威胁、灾难和痛苦。在抗争和反思的进程中，人们意识到自身力量的有限甚至无能，最后本能地寄希望于神秘的力量。为此，先民开始对原始的自然崇拜、图腾崇拜、英雄崇拜及对上帝的依附和向往。也就是说，早期人类在生活中为了克服自我认同的障碍，往往希望借助外力或者外物的支撑、帮助来实现自我认同。在这一过程中，以竞技形式作为对神灵和英雄人物的崇拜的宗教祭祀习俗早在荷马时代已经存在[①]。

由于宗教对竞技体育本源的塑造，体育竞技获胜者代表了“神”的超自然力，体育明星崇拜借以产生，为此，得到了凡人的瞻仰与崇拜。大众体育明星的崇拜现象可谓源远流长，早在古代奥林匹克时期就有为获胜者用橄榄枝编制的花环，以及大会为冠军设计的个人雕塑等，这些都使社会对大众体育明星的崇拜强劲风靡。在古奥运会和整个古希腊文化中，观众把超出普通人类极限的运动员成绩解释为神的帮助和干预，胜利者被称为“神灵附体”的人。随着历史的演进和社会的发展，人们对体育明星的崇拜风气日益浓厚。

古希腊哲学家苏格拉底认为，不能表现身体的力量和美是一种耻辱[②]。从苏氏的言论中可以发现，当时的历史文化使希腊人崇尚感性、图像、尚武。其实，对体育明星的崇拜现象可以追溯到古希腊时期的奥运会，从考察古希腊奥运会最早的祭祀诸神的内容和形式中发现，人们在对神顶礼

① 全国体育院校教材编委会．奥林匹克运动［M］．北京：人民体育出版社，1993.

② 全国体育院校教材编委会．体育学院通用教材：体育史［M］．北京：人民体育出版社，1997.

膜拜的同时，把神人化为英雄。历史上最具影响力和代表性的是古希腊奥林匹亚举办的祭祀宙斯神的庆典。伴随着各城邦的大规模宗教仪式的体育竞技比赛，目的是将人类完美的体形和强健的体魄展示给神明，并且获得冠军的幸运儿也会被推崇为得到了神明的喜爱和庇佑，人们还将为取得三届冠军的佼佼者浇筑雕塑，置于神殿中宙斯的身旁，著名的雕塑作品“掷铁饼者”便是后代对这一殊荣的见证[①]。

在希腊人看来，神和人同形同性，以尚武和崇拜力量来取悦诸神。据记载，宙斯神庙前的空地上矗立着一尊尊奥运会优胜者的塑像。参赛者连续三次夺冠就会被塑像，加以崇拜[②]。古奥运会获胜者回到自己的城邦时会受到城邦人民的夹道欢迎，被人顶礼膜拜，国王给予庆功宴和奖赏。诗人品达描述古奥运会获胜者“为他们余生赢得了甜蜜和平坦的生活旅程。几乎被看作半神半人，坐在四轮战车环绕家乡耀武扬威。崇拜的平民给予他们终生的养老金，免费食物。胜利者被大家热烈欢呼，失败的运动员公开被嘲笑”[③]。显而易见，那个时候的冠军得到了平民的崇拜，他们心甘情愿地付出自己的物质给予获胜者，情感上也对获胜者有强烈的认同和依恋。另外，从古奥运会获胜者所获的奖品和一些特权，如运动员终生免税，还发给供养费，看戏可坐贵宾席等，都可以说明当时的社会价值观对获胜者的一种崇拜、认可的社会达成和实现。

---

① 杨叶红，吕君丽．古今奥林匹克雕塑之比较［J］．体育文化导刊，2011（2）：155-158.

② 谭华．体育史［M］．北京：高等教育出版社，2005：36-94.

③ 令狐康．奥运会：神圣的狂热［J］．书城，2000（9）：13-14.

体育明星崇拜将人们崇拜的对象从天上拉到了人间①，通过对古代奥运会祭祀诸神的内容和形式的考察发现，体育明星崇拜现象可追溯到古希腊奥运会，古代奥运会作为祭祀宙斯的庆典活动，竞技胜利者被认为是“神灵附体”，代表了神的超自然力，冠军是神明的化身，人们对虚幻神明的敬意借由对体育竞技获胜者的崇拜表达出来②。

4.1.2 现代体育明星崇拜

随着西方理性主义日渐兴盛，人们逐渐摆脱了蒙昧状态，神性被自然理性和工具理性所取代。偶像崇拜的原始方式，如早期对于神祇的盲目崇拜已经不复存在。但是，偶像崇拜作为某种观念或物，还是以各种方式隐晦地被保留了下来。由于早期社会的价值为单一化元素，传统文化对人的教化更多地在于寻求共性。为此，对体育明星的崇拜是以某种集体精神和政治崇拜为依托而要求人们加以集体同质性地崇拜。体育明星崇拜以某种机构团体运作的方式得以产生，如美国职业篮球联盟的篮球名人堂，其目的在于向人们展示一个个体育传奇，并让后人铭记、崇拜。许多体育明星由于成绩出众被视为民族、国家的英雄而加以崇拜。如姚明被美国人视为“中国长城”、基里连科被视为“AK47”等。在1996年举行的亚特兰大奥运会上，朝鲜运动员桂顺姬获得奥运会柔道冠军。当她归国时，多达10万市民在平壤夹道欢迎，且被政府授予最高荣誉的“金日成奖”“劳动英雄”奖章。

---

① 李力研.体育崇拜的宗教启示［J］.体育与科学，1998（1）：13-16.

② 张本俊，于鹏，王东.角色神圣到世俗异化：体育明星崇拜变迁的动因与理性审视［J］.体育与科学，2013（3）：41-44.

追溯中国历史，或许并没有用类似的方式来纪念倡导体育活动的先驱，但是也不乏耳熟能详的活动和人物，如孔子儒学的射礼、乐舞，道家的养生思想，华佗创造出的五禽戏及近代流行的太极拳。时至今日，这些依然是中华民族体育文化的瑰宝，值得后人去传承和发扬。放眼当今，奥林匹克精神经历了一个多世纪的洗礼，奥运之火愈燃愈烈，并且呈现出全新的面貌。新面貌突出表现为世界性和全民参与性，每四年一届的奥运盛会是备受地球人瞩目的运动盛典，作为主力军的广大青少年，其矫健的身姿、坚定的步伐、紧张的节奏及“更高、更快、更强”的口号，更能唤醒当代青少年对未知世界的好奇心及敢于探索的精神。

我国对体育明星崇拜的研究始于20世纪80—90年代，主要集中于社会学领域。由于体育明星给国家带来了巨大的荣誉，进而获得了全国人民的认同和崇拜。在20世纪60年代，我国乒乓球运动员被称为“人民功臣”“祖国之光”。同时代的中国登山队队员成为全国人民学习的榜样，体现出集体对运动员个人英雄式的崇拜[①]。

4.2 体育明星崇拜的特征

4.2.1 体育明星崇拜的年龄性和过渡性特征

体育明星崇拜具有突出的年龄性和过渡性特征[②]。社会转型期与构建和谐社会的双重概念下，大学生普遍存在体育明星崇拜现象，他们了解体

① 谷世权．中国体育史［M］．北京：北京体育大学出版社，2003：354.

② 岳晓东，严飞．青少年偶像崇拜系列综述（一）［J］．青年研究，2007（3）：8-14.

育明星信息的渠道主要是电视、网络等新媒体，而很少来自报纸、杂志等传统媒体。通过电视观看体育明星的训练、比赛，通过网络发表评论；男体育明星比女体育明星更容易成为大学生的偶像；大学生崇拜的体育明星所从事的运动项目比例依次为田径、足球、篮球、排球、跳水、乒乓球、羽毛球项目等；大学生崇拜体育明星的原因从主到次依次为：个人价值、个性品质、相貌、项目价值、社会价值；体育明星对大学生的影响因素从主到次依次为：激励、情绪调节、体育意识、个性学习；体育明星崇拜行为分为封闭式行为和开放式行为，极度崇拜的大学生对体育明星有很强烈的依恋情感，具有开放式行为特征，中度崇拜以认同为主，依恋适中，具有封闭式行为特征，适度崇拜的项目原因突出[①]。城市大学生比乡村大学生崇拜体育明星现象更普遍，具有极显著性的城乡差异。

体育明星崇拜的主力军是青少年群体，有相当一部分中学生（31%）崇拜体育明星是受同辈影响，因为从众而崇拜。目前，我国青少年对体育明星的崇拜以实质性崇拜为主，运动员的技术、个性和精神（53%）是中学生选择崇拜对象的主要价值取向。王灿等人将体育明星崇拜分为适度、中度和极度三个层次，调查结果表明，有97%的中学生有自己喜欢的体育明星；绝大部分（91.7%）对体育明星的崇拜处于适度和中度的有益范围[②③]。

---

① 吕先波．江西省南昌市大学生对体育明星偶像崇拜现象的调查与分析［D］．北京：北京体育大学，2006.

② 张本俊，于鹏，王东．角色神圣到世俗异化：体育明星崇拜变迁的动因与理性审视［J］．体育与科学，2013（3）：41-44.

③ 李新威，徐剑平．我国体育明星崇拜现象研究述评［J］．体育成人教育学刊，2015（5）：72-75.

4.2.2 英雄情结与超自然力

古希腊的体育英雄起源于古老的神话。正如宗教的产生不在天上而在人间一样。是英雄造就了神话，通过英雄对社会现实的贡献确证了英雄和神话的存在。崇拜英雄表明了人们都觉得自己应该成为英雄，认为他是英雄是因为想成为他。古奥运会由于决赛内容和方式公平公开，以力量为主，技巧较少，是真正纯正的力与速度的搏击，为此具有神圣性。直接起源于人类的生存——劳动等争先性项目，是纯粹的人体自然素质的衡量，纯粹的人体运动功能的竞赛。它展示的既是人的最基本的动作功能（跑跳投），又是最大限度地搏击和发挥。而运动员一旦取得了成功，就被大家解读为是人类、城邦的英雄，民族、国家的英雄，具有神圣的地位。古代奥林匹克的运动员获胜归功于宙斯的青睐与暗中帮助。运动员往往与神的比赛黏合在一起、和神话的英雄联系在一起。为此，他们一旦获胜就被认为是拥有了超越普通人的力量、速度和耐力，获胜运动员的体能被解读为上帝赐予的超自然力。现代体育也是，人们之所以崇拜体育明星，有一部分是由于体育明星的表现超出了人类的想象，如篮球运动员麦迪在自己球队大比分落后的情况下，利用个人技术进行不可思议的“抢分”，最后逆转比分，被称为“麦迪时刻”，这就是球队俱乐部的英雄的真实写照。此类运动员往往能够起到核心作用，在关键的、困难的情况下，帮助球队获胜。

4.2.3 体育明星的显性和隐性特权

竞技体育产生伊始，比赛就有胜负，有胜负必定有差序格局的物质或精神体现，从获胜者的奖品与失败者的相应遭遇可窥一斑。

（1）远古时期的部落竞技体育获胜者奖品。远古时期的部落竞技体育获胜者奖品主要是物质和金钱奖励，也有荣誉、精神奖励，如在伊朗和土耳其的摔跤比赛中，失败者要为胜利者设宴，并把自己的兽皮裤子交给获胜者；在美洲印第安人的球戏中，获胜队可获得所有奖品，当时最大的货币——观众的斗篷；也有精神奖励，如在古代亚欧草原游牧民族的乌拉尔——阿尔泰以及高加索民族和蒙古人摔跤比赛中，胜者有权模仿自己部落的图腾舞蹈。

（2）古代奥运会获胜者的奖励。最早的、影响力最大的泛希腊奥运会的奖品是科蒂诺斯——野橄榄枝，这一习惯一直沿用至今。可是随着奥运会的推进，各城邦都通过无论是从物质还是精神、无论是显性还是隐形的方式给予优秀选手丰厚的回报。

（3）现代赛事获胜者的奖品。据记载，现代各级赛事继续沿用了古代获胜的物质、精神双重奖励方式，在物质方面，获胜运动员会有丰厚的回报，如金钱、房子、车子、赞助集团提供的免费食物等。据报道，2012 年举行的伦敦奥运会结束后，奥运会首金得主易思玲获得了高达 500 万元人民币的现金和一辆价值 60 万元的汽车奖励；游泳运动员孙杨与叶诗文分别拿到了 260 万元人民币和 180 万元人民币，各附加一套价值 300 万元的豪宅奖励；刘翔等 23 名运动员和孙海平等 4 名教练员在上海享受终身免费医保①；白俄罗斯的商人为获胜运动员提供了终生免费的香肠等。在

---

① 金鹏飞 . 刘翔终身免费看病引争议 锦上添花不如“买金牌”［EB/OL］.（2013-03-20）［2020-10-20］.http//www.chinanews.com/ty/2013/03-20/465151.shtml.

精神方面，奥运会获胜选手拥有橄榄枝，也可以获得本国领导人的接见和备战动员；获胜后可以身披本国国旗。韩国采用消极强化手段，冠军可以免服兵役。获胜运动员的特权场域日益扩大，加速了其身份地位的分层与正流动。

由以上分析发现，远古时期的体育明星最初的奖赏偏重于荣誉，以后逐渐发展为优厚的物质奖赏并授予某种特权。但此时主导奥运精神的依然是浓厚的宗教气息价值精神。而进入现代，奖赏的拜物教日益浓厚，特权的场域有所扩大，且获胜运动员正在加速流动自己的社会身份地位。

4.2.4 体育明星崇拜对象的特征

青少年崇拜体育明星的价值取向大部分是积极、健康的。大部分人首先崇拜的是体育明星的内在品质，如对“更高、更快、更强”的奥运精神的执着追求、顽强拼搏的比赛态度、刻苦训练的意志、赛场对队友的信任、对对手和裁判的尊重、才能、技艺和所取得的事业成就以及生活中公益及公共服务行为，这也是体育明星之所以令青少年敬佩、尊崇和向往的资本。当然，体育明星的外在形象和气质也是青少年偶像选择的一个主要因素，如健硕的身材、优美的体态、高超的运动技能、精彩的赛场表现等是青少年崇拜的价值内容。此外，贝克汉姆的“莫西干”头型和艾弗森的另类装扮也曾成为青少年的狂热追求。随着青少年年龄、学识和阅历的增长，青少年不再盲目崇拜，对体育明星崇拜有自己的独到见解，体育明星崇拜中的表层成分逐渐减少，体育明星的内在精神会逐渐成为其偶像选择中的主要价值尺度。

4.3 体育明星崇拜的成因

青少年普遍倾向于把娱乐和体育明星作为偶像来崇拜的原因是多方面的，既有青少年时期特定的心理特征等内因，也有娱乐文化环境及教育体制方面的外因。

作为一种社会心理现象，体育明星崇拜具有社会学和心理学的双重属性。国内学者对体育明星崇拜成因的分析主要从社会维度和个体心理维度进行。邹克宁等人较早地从社会学角度对体育明星崇拜形成的原因进行了探讨，他们认为，大众传播的飞速发展、体育明星代表某个俱乐部或国家所带来的认同感和强大的集体凝聚力、体育明星创造的运动美、精神美以及观众与体育明星的情感共鸣是体育明星崇拜形成的主要原因①。与过去相比，信息化时代为体育明星崇拜现象的发展提供了便利，20 世纪 70—80 年代，我国急需重新树立国际形象而大力发展竞技体育事业，造就了一大批为国家争得荣誉的世界级优秀运动员。这些运动员拥有精湛的技术、超高的竞技水平，代表国家形象，他们在世界体坛的优异表现一改以往我国积弱的国际形象，诸多社会因素的作用，使体育明星成为人们的崇拜对象。

但是，单从社会学角度不能完全解读体育明星崇拜的成因。作为一种心理现象，体育明星崇拜的产生有个体心理因素。王灿等人对我国城市中学生体育明星崇拜进行研究后发现，中学生对体育明星的崇拜既有社会和

---

① 邹克宁，余文龙，刘彤．当代体育明星崇拜现象产生的原因及社会影响［J］．武汉体育学院学报，1997（4）：12-16.

文化背景，更有自身心理的需要①。随着年龄的增长，青少年逐渐从父母的养育式依恋中转移出来，转向对生命中重要人物的认同式依恋。在心理发展的过渡期，需要一种精神寄托来摆脱因迷茫而产生的信仰危机，崇拜心理为青少年找到寄托对象，对体育明星的认同式依恋体现在其崇拜心理中。该研究仅对体育明星崇拜的心理因素进行了思辨分析，并无实际数据和理论支撑。青少年自我确认、情感归属、团体接纳三方面的心理需要是体育明星崇拜的心理原因，体育明星崇拜的理想化过程应该是由表及里、由欣赏到认同的过程②。

根据需要层次理论，生理的需要、安全的需要、归属与爱的需要、尊重的需要、自我实现的需要构成了人的自下而上的金字塔式需要层次结构模型。青少年对体育明星的崇拜正是基于自尊的需要和对团队归属感的需要所形成的。需要促使青少年对体育明星加以崇拜，体育明星拼搏精神、所获得的成就等引起青少年自尊的需要，自尊的需要对体育明星产生崇拜心理，作为学习榜样加以模仿、崇拜——虽然这种榜样学习有时候有些盲目，直到崇拜者满足自身自尊的需要或者找到自尊的替代事物。

我国对体育明星崇拜的研究始于20世纪80—90年代，主要集中于社会学领域。从总体看，我国体育明星崇拜现象产生的原因主要有社会因素和个体心理因素两种。社会因素包括大众传媒的媒介作用、国家的制度导向作用、体育明星本身的特征与社会价值等方面；心理因素则由青少年自

① 张本俊，于鹏，王东．角色神圣到世俗异化：体育明星崇拜变迁的动因与理性审视［J］．体育与科学，2013（3）：41-44.

② 王玉清，赵溢洋．青少年体育明星崇拜透视［J］．体育文化导刊，2007（2）：61-62.

身心理需要等因素构成。在社会学角度的研究中，研究方法与工具的使用限制了作为心理现象的体育明星崇拜成因研究的深度与准确性。在对体育明星崇拜成因的心理学角度探索中，大多是运用现有心理学理论对崇拜现象进行解释，并无实证方面的研究，缺乏较为可靠的数据支撑。

作为一种普遍存在的社会现象和生活方式，偶像崇拜正越来越强地影响着青少年的精神生活和个性发展。近年来的研究结果发现，当今青少年的偶像崇拜主要集中在娱乐界和体育界的明星上，体育明星以个人良好的技术、顽强的拼搏精神和独特的身体魅力征服了世界不同地区的青少年。分析青少年体育明星崇拜的原因，充分挖掘体育明星效应在学校体育教学中的积极作用，从而为我国中学体育教学及改革提供新思路。

当今社会普遍存在的青少年偶像崇拜是一种特殊群体中的正常现象，是青少年自我确认的重要手段，青少年可以从对不同杰出人物的认同和依恋中肯定自我的价值。青少年偶像崇拜的原因包括心理和社会两个方面。

与前文所述相一致的是，青少年普遍倾向于把娱乐和体育明星作为偶像来崇拜的原因是多方面的，既有青少年时期特定的心理特征的内因，也有娱乐文化环境及教育体制方面的外因。

4.3.1 心理学方面的原因——内因

青少年时期正是心理发展过渡期，这一时期的个体有对自我进行确认的需要，体育明星无疑成为青少年自我确认的重要投射对象[①]。

---

① 淮迪．乒乓球明星认同对中学生参与乒乓球运动动机的影响研究［D］．武汉：武汉体育学院，2019.

从性质上讲，青少年偶像崇拜更多地表现为心理现象、心理行为。青少年偶像崇拜作为一种特殊的心理行为，一方面，具有必然性和暂时性的特点，是青少年时期心理矛盾运动的必然产物，是不可避免的。另一方面，偶像崇拜行为会伴随着青少年“过渡期”的结束而消失。崇拜体育明星的心理基础为归属及自我确认、补偿心理、从众心理、爱恋心理等，崇拜体育明星的情感分为认同和依恋。

4.3.2 社会学方面的原因——外因

4.3.2.1 政治层面

榜样是一个民族的精神脊梁，任何一个国家都高度重视榜样的塑造。张本俊等人认为，体育明星崇拜经历了一个“宗教驱动—人性驱动—政治驱动—商业文化消费逻辑驱动”的历程，凸显了个体、群体和社会对体育明星崇拜在心理上由神圣角色向商业化和世俗化发展，最终致使对人的异化和社会距离的不断拉大，人的形象取代神的光辉，对体育偶像异化，将其抽象为国家机器、社会财产、特权及扭曲的符号图像①。

近年来，中国中央电视台等官方媒体积极推出正能量的节目，塑造时代楷模，引领偶像崇拜②。

---

① 张本俊，于鹏，王东．角色神圣到世俗异化：体育明星崇拜变迁的动因与理性审视［J］．体育与科学，2013（3）：41-44.

② 《我的偶像》_ 礼赞奋斗者 奋进新时代 _ 专题 2020_ 专题频道［EB/OL］．（2020-06-23）［2020-10-20］．http：//www.zznews.gov.cn/news/2020/0623/344116.shtml.

图 4–1　2020 年 CCTV1《我的偶像》——礼赞奋斗者 奋进新时代

20 世纪 80 年代，中国女排以拼搏精神赢得五连冠，成为当时中国人的模范和骄傲。30 多年来，中国女排魅力不衰，粉丝遍中华，纵跨几代人。2020 年 5 月 17 日 20 时，《感动中国 2019 年度人物颁奖盛典》播出，作为体育界唯一入围者，中国女排最终当选感动中国 2019 年度人物。感动中国给中国女排的颁奖词里讲到："几十年拼搏不息，几代人热泪盈眶，在低谷中奋起，从不放弃，面对强敌出手从不言败，你们的身影是民族性格的缩影，你们的脚步是一个国家成长的历程，奏国歌升国旗，你们超越了体育，是国家的英雄。"这已经是中国女排第四次收获此项大奖，也是近四年来第二次获得此奖[①]。

① 女排感动中国：几十年拼搏不息 几代人热泪盈眶[EB/OL].(2020–05–18)[2020–10–20]. http：//sports.sina.com.cn/others/volleyball/2020–05–18/doc–iircuyvi3637214.shtml.

图 4-2 2019 感动中国 中国女排再获殊荣

偶像体现了民族精神。当然，如果偶像的言行危害到国家利益，那么他们就会面临“脱粉”的窘境。近年来，外国来华艺人、运动员惹出的麻烦事不少。加拿大男歌手贾斯汀·比伯因曾有一系列不良行为，被北京文化局拒绝来华演出；切尔西球员肯尼迪涉嫌公开歧视中国，引起我国球迷极大愤慨。对此，国外各大媒体也进行了报道，更有众多外国网友为北京文化局点赞，或批评肯尼迪“辱华”行为①。2019 年，NBA 火箭队总经理莫雷的不当政治言论在短时间内迅速引起巨大风波，然而，他不仅没有道歉，NBA 总裁肖华也随后公开表示支持莫雷，导致事情的影响越来越大，遭到网友一片痛斥。如今，这场体育圈的风波也蔓延到娱乐圈，原定出席的不少国内明星（包括 UNINE 组合九位成员）纷纷发布正式声明，退出接下来要举办的 NBA 球迷之夜和 NBA 中国赛②。

---

① “国家面前无偶像”！这一次外媒和各国网友都挺中国［EB/OL］.（2017-07-25）［2020-10-20］. http：//www.xinhuanet.com/world/2017-07/25/c_129662512.htm.

② 莫雷风波持续发酵，李易峰白敬亭范丞丞发声明退出 NBA 球迷之夜［EB/OL］.（2019-10-08）［2020-10-20］. https：//imfeed.shida.sogou.com/detail.html?doc_id=20191008A02LHY00&o=push_A&seq_times=1&yyid=C2E77782FB45AB183D8B0DE54E5A6F67&ch=1.

4.3.2.2 经济之维

政治和经济密不可分，一旦由国家主导的体育精英建构得以完成，市场力量就会介入其中。与体育精英相关的各种赞助、产品代言及赛事转播等都会被市场化，从而使其受到市场力量的引导和制约。以企业和媒体为代表的市场力量，通过市场化运作，将体育精英的物质的和精神的、有形的和无形的等各种资源商品化与符号化，以完成体育明星的市场建构。这种由企业和媒体主导的体育精英建构是体育明星建构的经济之维。

4.3.2.3 社会文化维度

青少年体育明星崇拜的兴起也是我国文化转型的必然结果。作为受众的个人和社会群体，尤其是青少年，对体育事业的热爱与对体育明星的崇拜和模仿，是体育明星崇拜的社会之维的真切表征。在当前社会转型过程中，多种形态和形式的文化打破了过去那种单一价值观一统天下的局面，从而使青少年整体的价值观念呈现出多元化的倾向。价值观作为对社会生活的认识、情感和意向的一种表达，对青少年的偶像崇拜既具有行为导向作用，同时也是青少年偶像崇拜行为的内在动力。青少年学生虽然主要生活在学校，但是社会这个大熔炉却无时无刻不在影响他们的价值观，尤其是各种杂志、报纸、影视等流行元素的广泛存在，各种亚文化、支流文化甚至反主流文化如雨后春笋般地出现，使传统的主流文化一统天下的局面被改变。

从新中国成立初期的英雄模范，到20世纪七八十年代的科学家、知识分子，再到如今的歌星、影星、体育明星、科学家、企业家，由原来榜样式的偶像到现代引领社会时尚的明星，随着社会文化的多元化发展，青少年偶像的选择也呈现出多元化的倾向。体育明星以独特的魅力和优势，在时尚潮流的竞争大军中也遥遥领先，吸引了众多的青少年。

4.3.2.4 媒体技术

大众传媒的发展是明星崇拜产生的前提。科技的进步、经济的发展，使大众传媒迅速普及，现代传媒以特有的方式将人们在潜意识下的各种朦胧愿望、期盼，以平面、直观、形象的方式呈现出来，引起人们的高度认可和喜爱。体育明星的出现与商业包装和推销也密切相关，他们通常具有年轻活泼、体形健美、个性突出、相当富有、反叛性强等特点，并以个人的流行性、青春性、情感性等特征吸引年轻人。大众传播媒介的迅速发展和广泛普及，为明星的闪烁制造了独特的“天空”。充分发挥科学技术的作用，媒体融合，加大宣传力度[①②]，提高青少年的媒介素养，使体育明星崇拜渗入青少年的日常生活。

4.4 体育明星崇拜的作用

体育明星崇拜是“特定群体或个体，对具有高超运动技艺、在竞技体育领域取得优异成绩、拥有一定知名度的竞技体育明星产生的欣赏、钦佩、赞美、羡慕、信任等情感表达及其相应的行为”[③]。

---

① 殷乐．融合媒介环境下的青少年迷文化研究［J］．中国青年研究，2010（10）：68-72.

② 陈可纯，朱立立．“迷文化”的主体建构与当代媒介素养教育［J］．东南学术，2018（4）：173-179.

③ 马瑞，刘春华．我国青少年体育偶像选择特征研究［J］．哈尔滨体育学院学报，2013（1）：21-25.

青少年体育明星崇拜是青少年乐于接受又能表现独立情感与自我的形式，在一定程度上有助于青少年维持其情感波动的相对稳定。另外，青少年常常会面对情感及精神的困惑，崇拜共同的体育明星，有助于青少年在群体中得到相互认同，从而获得群体归属感，达到精神上的安慰与稳定[①②]。

近百年来，尤其是现代传媒的兴起，使文化传播变得越来越简便、快捷。在文化全球化背景下，不同民族的文化也随着经济的发展和科技的交流，渗透到人类社会的各个角落。在激烈的博弈中，优胜劣汰的自然规律使其中一些文化种类在无形的竞争中被消解，甚至惨遭淘汰。文化危机促使各国积极作为，探索适应不同环境的本土文化发展模式与方法。如今，大众传媒在空间上使整个世界成为一个地球村，在时间上使整个社会文化都与传播网络系统同构。在此背景下，不同文化传播的速度与途径大同小异，而某些文化通过塑造自己的文化“偶像”，能够从竞争激烈的文化激流中脱颖而出，迅速让自己扎根立足，成为当今社会的强势文化。体育明星崇拜对社会、体育明星本人和崇拜者均具有不同的作用。

4.4.1　体育明星崇拜的社会效应

4.4.1.1　体育明星崇拜促进全民健身事业的发展

体育明星的社会活动及新闻报道创造了全民健身的氛围。在不影响训练和比赛的前提下，现役或退役体育明星参加慈善公益活动等社会活动，

① 魏斌．我国大众传播中青少年体育明星崇拜现象分析［D］．金华：浙江师范大学，2011.

② 李洪．对青少年体育明星崇拜的理性认识［J］．职业时空，2008（9）：74.

对竞技体育项目的全民化开展、激发普通大众的健身热情、增强体育人口数量都有非常重要的影响[①]。

体育明星崇拜提高了大众对体育运动的关注度，激发了大众参与运动的热情。体育明星既是竞技体育的主产品，又是连接竞技体育和大众体育的纽带。体育明星高超的竞技能力和竞技水平是吸引媒体关注赛事和报道赛事的重要因素，也是提高观众上座率、收视率的法宝，更是激发广大群众参与体育健身的催化剂。体育明星与大众体育的互动机制正在形成，其高超的竞技水平是影响大众健身热情的核心因素。

4.4.1.2 体育明星崇拜推动了体育产业的发展

偶像化的体育明星往往会受到商家青睐，为其体育品牌代言，引领大众的消费，从而为体育品牌市场带来丰厚的利润。不仅如此，体育明星偶像化还推动了体育事业的发展。偶像化的体育明星往往会从事丰富的体育事业活动，如担任运动形象大使、创立体育基金等，进而增强体育明星的号召力、影响力，推动相关项目乃至整个体育事业的发展。众所周知，李宁不仅创建了备受欢迎的运动产品，在退役之后，还开办了多所体操学校，为体操爱好者提供了学习平台，推动了体操事业的发展。正因如此，李宁体操王子的偶像形象更加深入人心。

4.4.1.3 体育明星崇拜推动国际文化交流

体育明星担负着文化传播与文化交流的重要作用。1971 年，美国乒乓

---

① 代方梅，刘亚奇．体育明星慈善方式发展趋势研究［J］．搏击·体育论坛，2015（12）：4-6.

球队造访我国，打开了隔绝 22 年的中美关系的大门，著名的“乒乓外交”为国家间的政治和外交活动牵线搭桥，俨然成为促进交流和互动合作的“外交官”。

4.4.2 体育明星崇拜影响体育项目和体育文化的发展

4.4.2.1 体育明星崇拜对体育项目的影响

一个体育明星的诞生在一定程度上影响着一项运动的发展速度与规模。体育比赛造就体育明星，体育明星推动体育项目在普通人群中的普及和开展，体育明星是影响群众健身热情的重要因素之一。良好的体育明星形象、体育明星的社会活动、提高体育明星的竞技水平、对体育明星的媒体报道等五个方面是体育明星影响大众健身热情的因素。传奇球王贝利在美国掀起足球热；姚明参加 NBA，使 NBA 成为中国最受关注的赛事之一[①]，篮球也成为一种深受国人喜爱的运动方式；李娜夺冠成为网球女神，民众的运动身影也更多地出现在网球场。偶像化或许不会让所有人都亲身参与到运动之中，但体育明星刻苦拼搏、积极向上的优秀品质会形成一种良好的社会氛围，在这种精神力量的感染下，人们会倾向于一种更加健康的生活方式，而这正是体育发展的终极目标。发展大众体育是我国体育事业的出发点和归宿，无数体育明星激起了大众的健身热情。一个体育项目的受欢迎程度不单依靠体育项目本身，其体育明星的号召力也非常巨大。

---

① 曹勇，葛耀. 从社会文化角度解析“姚明现象”［J］. 宁波职业技术学院学报，2006（3）：86-89.

他们不仅影响大众的体育观念、体育关注程度和体育消费，而且影响大众的体育参与意识和健身热情。我国获得第一个世界乒乓球冠军称号的容国团曾使中国少年人手一拍，在这些少年中，涌现出郭跃华、蔡振华和江嘉良等一代英杰，造就了乒乓球成为中国“国球”的神奇历史。中国女排的成就也推动了我国排球运动的普及，很快成为学校体育中最常见的运动项目之一[①]。20 世纪 80 年代中期，“棋圣”聂卫平的横空出世，在全国掀起了轰轰烈烈的围棋热潮。“台球神童”丁俊晖的成功使很多中国人开始接触并喜欢上了斯诺克这一项目，尤其是一些青少年及其家长，效仿丁俊晖的成才之路，掀起了我国的斯诺克热。这种现象在美国也同样存在，美国的一些社会学家认为，体育明星对美国青少年的影响最大，许许多多的青少年因为崇拜体育明星而走上体育之路，有些人后来也成为新一代的体育明星。在 2008 年举行的北京奥运会上，中国代表团获得 51 枚金牌，同时造就了一大批体育明星。

在 20 世纪 80 年代前后，中国武术文化在巨大的文化洪流中，也曾有过灿烂与辉煌。借助功夫电影，李小龙和李连杰成为推动中国武术发展的两大偶像，成为中国武术的两个最具代表性的符号，在全国范围内掀起了一股“习武热”，促使中国武术在世界上占领了一席之地。从 20 世纪 90 年代后期一直到现在，曾经的明星已经老去，中国武术再也没有出现过当时的辉煌。与此形成鲜明对比的是，NBA 和跆拳道等域外体育却借助明星效应和现代传媒在中国大放异彩。偶像缺失使中国武术在与这些域外体育

① 陈相光．中国体育明星对大学生的影响及人文教育价值［J］．体育学刊，2006（4）：15-18.

文化的对抗中处于劣势[①]。

网球明星发挥着极大的牵引作用，吸引青少年了解、关注、参与网球运动，促进网球运动在青少年中的普及。体育明星向来是推动体育运动发展的一个重要因素。网球运动员李娜、彭帅等一批网球明星在WPA赛场上的优异表现，让无数中国人为之振奋。我国青少年对明星效应产生的狂热状态呈现上升趋势，参与网球运动的人数也呈现出快速增长的态势，但与国外相差甚远。在网球明星运动员的“明星效应”的光环下，我国国民对网球的热情日益高涨，推动了区域相关部门对青少年网球运动的关注力度，将在一定程度上扭转网球运动因不温不火而得不到相关部门应有的重视之局面。

4.4.2.2 体育明星崇拜对体育文化的影响

卢元镇认为，体育文化是关于人类体育运动的物质、制度、精神文化的总和。大体包括体育认识、体育情感、体育价值、体育理想、体育榜样、体育制度和体育的物质条件等[②]。

（1）体育明星崇拜对体育精神文化的影响。体育明星崇拜对体育价值观、体育精神、体育榜样、体育理想等产生了积极影响。各种类型的体育赛事都应建立在“公平竞争”的基础之上，这有利于青少年确立自己的奋斗目标，培养刻苦、顽强、拼搏、协作的精神，学会公平待人，互相帮助和团结友爱；有利于树立正确的人生观和价值观，使体育事业沿着良性

① 赵建宾 . 中国武术本土传播中的“偶像”缺失与发掘研究［D］. 苏州：苏州大学，2011.

② 于永慧，林勇虎，程维峰 . 浅论英雄崇拜对体育文化的影响［J］. 沈阳体育学院学报，2003（1）：15-17.

的发展轨道前进。

（2）体育明星崇拜对体育智能文化和物质文化的影响。高科技在体育领域被广泛地应用，测试比赛成绩的精密仪器（如计时器、风速仪等），达到让人难以想象的程度，使体育比赛的观赏性和激烈性大大提高。为了满足广大崇拜者和其他爱好者的需要，信息高速公路的开通使全世界的人们都能够坐在家里观看世界级的体育比赛，使忙碌着的人们随时随地了解体育事业的动态。随着体育追随者数量的大量增加，体育产业获得较快的发展。体育旅游业、体育器材制造业、体育服装业都呈良好的发展势头，体育场地大量兴建并且设施更加现代化和规范化。

（3）体育明星崇拜对体育制度文化的影响。由于崇拜者的期望效应，体育组织者和管理者不断改进和提高组织与管理水平，以最优质的服务满足人们的需要。体育法规政策的日益完善、管理和服务的一体化、体育运动学校的开办、民族传统体育的挖掘、区域体育的协调发展，以及对体育俱乐部的扶植和体育明星的栽培等，无不体现着体育领域的发展未来和变化趋势。

体育明星的社会价值和个人价值源于大众对体育明星的崇拜。体育明星的价值对体育文化的发展具有一定的推动作用。体育英雄崇拜现象在对体育精神文化影响过程中，无论是对体育英雄还是对崇拜者都产生了积极影响，对体育智能文化、物质文化及制度文化的发展都具有促进作用，对未来体育事业的发展起着推动作用。在某种意义上，体育明星是国家和体育事业发展的英雄，体育明星的塑造是体育文化的重要体现。

4.4.3　体育明星崇拜对体育明星自身的影响

体育明星崇拜对体育明星自身既有积极的影响，也有消极的影响。

一方面，体育明星崇拜有利于明星体育竞技水平的提高。偶像化为体育明星带来了可观的收入和美好的名声，这种回报不仅会激发运动员对竞技体育训练的热情，投入更多的时间刻苦训练，而且能鼓励他们克服困难，更好地实现自身价值。作为一名运动员，在强化自己的专业素养、提升竞技能力的基础上，获得更多的收益。此外，偶像化还吸引了一大批有潜质的人才流入体育事业中，为体育事业的长足发展提供了丰富的人才资源。年仅 16 岁的徐诗霖在我国网坛大放异彩，她之所以选择网球，在很大程度上是出于儿时对莎拉波娃的崇拜。体育明星的崇拜主体是社会大众和体育明星，对体育明星的信任和追随会激发他们继续攀登竞技高峰的信心和勇气。

另一方面，体育明星崇拜有时也会使体育明星为求胜不择手段。对偶像的过度崇拜会导致社会距离的产生，这种人与人之间内在的屏障对体育明星的生活作风、价值取向等方面产生不利的影响。有的体育明星在取得胜利之后，忘乎所以，认为自己已经达到了顶峰，不再努力训练；有的在以后的比赛中采取不正当的手段；有的体育明星因为成功以后物质利益得到了不同程度的满足，生活腐化堕落，甚至吸毒；还有的体育明星被先前的胜利思想所左右，无法接受以后在比赛中可能出现的失败，导致服用兴奋剂等。

4.4.4 体育明星崇拜对崇拜者的影响

有研究者发现，体育明星崇拜能促进崇拜者心理发展，具有一定的发展性功能，如有助于情感波动期的青少年维持情感、情绪的相对稳定，在群体中得到相互认同等；消极作用突出，表现在不良的崇拜心理易使青少年产生光环效应，对崇拜对象加以神话，从而导致青少年对其崇拜对象产生偶像迷恋，背离现实生活，阻碍个性和榜样发展。

4.4.4.1 体育明星崇拜对崇拜者的消极影响

体育明星崇拜像一把“双刃剑”，既可激励青少年健康发展，也可能导致盲从等消极效应。

（1）“读书无用论”的形成。我国的体育锻炼体制决定了绝大多数运动员缺乏基础的文化教育，他们花费大量的时间在运动训练和比赛中，几乎没有时间进行文化课学习，但是他们通过自己的运动成绩证明了自己，获得了一定的成功，部分中学生可能通过运动员的成功历程，觉得读书无用，不如把读书的时间用在体育锻炼中，争取获得像崇拜的体育明星那样的成就，这在一定程度上影响了中学生的判断。

（2）急功近利的浮躁心态。2009 年年初，网球成为职业化的先锋，李娜等四朵金花成为“自负盈亏”的职业选手，网球运动职业化改革的尝试，在一定程度上造就了李娜、彭帅等人的脱颖而出，但这种模式并不适合网球爱好者，尤其是广大青少年网球爱好者。某些家长认为自己的孩子有某一方面的体育天赋，于是，为了把孩子打造成体育界的明星，不惜斥巨资，让孩子跟着名师学习，到更优秀的体育场地训练，期望孩子有朝一日能在体坛上一举成名。受明星效应的影响，部分青少年及其家长对参加运动的目的存在认识上的误区，部分体育场馆也起到一定的推波助澜的作用。

（3）影响广大中学生的消费观念。功成名就的体育明星通过广告代言、政府奖励、比赛奖金等方式获得了大量的金钱和荣誉，再加上媒体的炒作，使他们飘飘然，不再把生活重心放在训练和比赛上，开始享受生活，追求名牌、攀比跟风、生活高消费和作风问题引起的法律纠纷等负面新闻日见增多，这些都可能影响盲目崇拜他们的中学生的生活和消费观念，致使部分学生的人生观和价值观产生偏移。

（4）体育明星参与比赛的幕后交易使中学生的公平竞争和诚信意识偏离。在利益驱使下，不同的体育竞赛中存在不同的利益链，部分体育明星缺乏公平公正参与比赛的意识，违背公平竞争原则，为了达到目的，不惜采取贿赂、暗中操作等卑劣手段，这对中学生的教育产生了极为不利的影响，这种误导甚至使中学生的公平竞争和诚信意识产生偏离[①]。

（5）球场观众暴力现象。体育明星崇拜造成的最直观的消极表现莫过于“球场观众暴力”。球场观众暴力是由观众在赛场内、外，以殴打、侮辱、破坏或者其他手段对他人造成身体、精神或财产上的损害，妨碍赛事的正常进行与组织管理，并造成一定后果的行为。石岩等人研究发现，我国球场观众暴力有由场内向场外蔓延的趋势，暴力主体趋于低龄化，暴力表现形式由最初向场内扔杂物、辱骂等转化为真实暴力对抗行为。对于球迷骚乱现象的成因，有研究发现，球迷对崇拜球队的极度感情倾向是球迷骚乱

---

① 付青．浅议体育明星崇拜对中学生体育锻炼的影响作用［J］．新西部，2012（6）：181-182.

发生的重要基础①。

有的崇拜者盲目性很强，把自己的偶像看作一个完人。当这些明星出现比赛失误或者是生活中一些不光彩的事情时，崇拜者在心理上难以承受也不愿意接受事实，出现一蹶不振、试图戕害明星、扰乱赛场、殴打裁判等有害社会、更有害崇拜者的现象。

（6）盲目的追星行为。盲目的追星行为在各行各业的明星粉丝、追星族中屡见不鲜。不顾个人家庭经济实力，一味地追逐所钟爱的明星代言的各种产品；为了购买相应产品，节衣缩食，甚至不惜要挟长辈。这是一种非常短视、幼稚的行为，需要引起青少年追星者及其学校、家长的注意。

（7）体育明星崇拜异化。

① 倡导一元化价值观。竞技体育的胜负观念价值导向单一异化。古代奥运会以及古代竞技体育对失败者的惩罚颇具有“胜者为王，败者为寇”的价值导向，这种异化导向严重地扭曲了竞赛的成败价值导向。现代体育也是如此，我国女排以“五连冠”为国人找回了自信和骄傲，成为万众仰慕的崇拜对象，并要求各行各业将这种女排精神投入到现代化建设中。在客观上，体育明星为人们树立了精神支柱和奋斗标杆，但在当时偶像使现实生活中的功利性更加突出。国人的这种凝聚力和信仰被自上而下的政治力量集中塑造的英雄偶像所包围时，他们除了全盘接受之外，体育明星似乎也别无选择。这是全社会对体育明星的一种集体崇拜，产生高度一致的认同，质疑或者解构非常少见。当时对体育明星的建构是通过国家组织的

---

① 石岩，唐文静．我国球场观众暴力网络新闻的理论研究［J］．北京体育大学学报，2010（2）：5-11.

手段和舆论宣传、体育英雄崇拜的理念引导、促使人们不加思辨地接受建构者推崇的道德体系和价值观。如此建构的体育明星体现了当时倡导的一元化价值观，起到了一元化的价值导向作用。

② 社会距离凸显。社会距离是社会学研究的一个重要概念和术语。劳曼认为，社会距离是由于制度限制、文化及社会经济地位差异而造成的人与人之间、群体与群体之间在态度和行动两个层面上的亲近或疏远的级别和等级，并将态度或偏好所对应的距离称为主观社会距离[①]。体育明星崇拜所形成的社会距离界定为个体、群体乃至社会对体育明星在态度层面上的亲近或疏远程度。从社会身份和地位分析，崇拜者与体育明星相比，无论是从经济上还是从社会身份象征上都存在巨大的距离，被崇拜的体育明星地位越高，这一社会距离差距愈发难以逾越，崇拜者和被崇拜者的情感信息交流无法得以有效进行。

③ 世俗化。奥林匹克的神圣宗教精神价值逐渐被物质利益所取代，奥林匹克精神逐渐湮没于物质利益和市场消费的欲望中。此时，竞技参赛选手早已脱离了往日的神圣宗教祭祀仪式和动机，现代社会中的个体、群体乃至国家更是处于政治、民族立场的需要，加速了崇拜体育明星的世俗化。个体对偶像的过分崇拜导致丢失自我，过度受控于体育明星导致奴性崇拜。消费主义以大众文化的市场逻辑为目标，强调娱乐性、商业性和消遣性，消费虚幻的商品符号化。妥协是对体育明星崇拜媚态的世俗化，当代独立的学术机构、大学给予体育明星较大的自由度，贬低、世俗化了学术文凭

① 卢国显 . 中西方社会距离的研究综述［J］. 学海，2005（5）：117-123.

的含金量。

正如“时势造英雄”，体育明星是特定时代和特定项目造就的，因而带有明显的时代烙印。早期体育明星崇拜的社会主导价值单一，宗教气息浓厚，领地意识浓厚，体育明星的集体崇拜现象明显。20世纪80—90年代，人们对体育明星的欣赏由被动接受向自主追求转变，打破领地意识，体育明星日益呈现出世界性和多样化特征。随着现代体育职业化、表演化的推进及市场经济的发展，“偶像”的数量越来越多，偶像的“能量”被无限放大，偶像的“质量”却是良莠不齐。处于青春期的青少年在崇拜偶像的过程中无能分辨，更多体现为欣赏图像与消费符号，缺少理性。追星族疯狂追星的背后折射出严重的信仰危机[①]，在现实生活中，极端偶像崇拜引发的伤人伤己恶性事件时有发生，偶像积极的教育效果减弱，对青少年身心健康造成一定的消极影响，凸显出体育明星崇拜的时代局限性。

4.4.4.2 体育明星崇拜对崇拜者的积极影响

崇拜者的感情是对体育明星自身由衷的钦佩与向往，因为体育明星代表着人类战胜自己，实现其本质存在的最高水平。体育明星在奥运会后凯旋时，得到了很多令人羡慕的殊荣和物质利益，促使崇拜者把自己的崇拜对象作为奋斗目标，从而激发崇拜者的积极性和进取精神。崇拜者认同—模仿—追随—学习，从英雄身上汲取能量，激发自己的力量，进而努力超越明星，获得自己的发展，产生巨大的替代学习效应。德文·韦德（Dwyane

① 杨鑫．明星崇拜光环下的青少年信仰危机［J］．中学政治教学参考，2015（18）：53-55.

wade）在谈及自己的偶像乔丹时，说："看到乔丹的比赛，让我无法自拔，由于他的存在，我的整个青少年时期过得非常充实。"①

（1）体育明星崇拜是青少年心理健康发展的需要。作为青少年心理发展所特有的心理"附属品"，体育明星崇拜对青少年的身心发展具有非常重要的影响。青少年正处于青春期，不仅是身体上的生理发育变化，在思维和心理的发展变化也非常明显。他们缺乏安全感，寻找依赖感，并且需要精神寄托。现代媒介助推出的各种体育明星及娱乐明星，他们的完美和优秀备受瞩目。在青少年的梦想和目标暂时无法实现时，偶像的出现很好地满足了青少年的心理平衡和补偿，让自己有了精神的寄托和力量。体育明星可以填补青少年人生历程中的情感空白。体育明星的成功经历将启迪中学生的人生，唤起他们学习的热情。

（2）调节学习压力，促进个性发展。现代青少年的学习压力非常大，自己可以自由支配的时间非常少。适当的体育明星崇拜可以起到激励和鼓舞的作用，降低青少年的学习疲惫感及学习和生活压力。很多青少年崇拜偶像也是因为偶像身上所散发的优秀品质，通过这些优秀品质，树立自身个性的品格。

（3）体育明星崇拜激发青少年参与体育运动的动力。体育明星的出现对青少年起到激励与鼓舞的作用。青少年怀着对偶像的欣赏、崇拜、膜拜、敬佩的情感，学习和模仿。体育明星在青少年身体发育中起到良好的督促作用，对初中学生来说，他们也是一个优秀的、可借鉴模仿的

---

① 搜狐体育，数明星偶像：科比是梅西粉丝马拉多纳追星小罗［EB/OL］.（2009-05-22）［2020-10-20］.http：//sports.sohu.eom/20090522/n264114241.shtml.

例子。在压力强大的学习环境中，青少年在崇拜某个体育明星的过程中，对某项体育运动产生了兴趣，会使青少年积极地投入到运动锻炼中，对其身心的发展起到良好的推进作用。

媒体使当代青少年更容易接触到高水平的运动竞技，在镜头前面的高水平技术及登峰造极的专业表现使中学生折服。通过这样的形式，使青少年因为某个体育明星而对某项体育运动所表现出自身的兴趣。更是因为这个人而激发了这个青少年对体育运动的热爱。随后，便会因为对某个体育明星的崇拜而加入到体育运动中，并且在平时所看见的自身喜欢的体育明星所传达出的体育精神都是积极向上、努力拼搏的，青少年自身也会学习所崇拜明星的体育精神，不仅有助于体育运动，而且有助于学生的学习及生活。体育明星在职业展示中，时时传达的体育精神具有激励坚持运动的动力。

（4）促进青少年的社会化。体育明星严格按照体育比赛规则进行比赛，公平公正，拒绝潜规则的良好道德品质对青少年的品德教育起到榜样作用，为他们今后适应社会发展打下了坚实的基础。

（5）体育明星良好的形象可以激发群众把体育运动作为追求美的手段。体育明星良好的形象既包括体育明星外在的躯体美，又包括其内在的精神美，前者反映的是一种自然美，强健的体魄、优美的身材，体现出大众对自身健康体魄的追求；后者反映的是一种社会美，顽强的意志、高超的技术和战术是人类对自身生命的美好愿望。在快节奏、高压力的当今社会，体育明星健康、积极的形象对激发人们关注体育、寻求在体育活动中释放工作压力有重要影响，而且把体育运动作为追求美的手段，也是人类追求健康的理性选择[①]。

（6）体育明星崇拜对崇拜者体育锻炼行为的影响。体育明星崇拜通过影响崇拜者的认知、情感态度价值观而影响崇拜者的体育锻炼行为。通过对某位体育明星的崇拜，崇拜者会购买其代言的体育用品，积极进行明星所从事的某项体育运动锻炼。也会购买门票到现场观看体育明星参加的体育赛事，促进体育消费。

① 体育明星崇拜对青少年认知的影响。体育明星崇拜对青少年体育精神、价值观念和行为规范的认知具有一定的影响。体育明星对青少年体育精神认知的影响是体育传媒、体育明星的公众效应、职业特点和人格特质共同作用的结果[②]。青少年体育明星崇拜有助于培养爱国主义和集体主义精神，激发其体育锻炼动机[③]。青少年体育明星崇拜对青少年体育精神、价值观念、体育功能和行为规范的认知具有一定的影响[④]。体育明星运动员在塑造运动项目特有的项目文化精神、阐释奥林匹克项目文化、展示独特的项目文化内涵及形塑良好的国际职业体育形象四个方面，对运动项目文化建设发挥着建构作用。调查研究结果

---

① 王凌娟 . 体育明星对大众健身热情的影响研究［J］. 新乡教育学院学报，2009（2）：125-127.

② 马瑞，俞继英 . 体育明星崇拜对我国青少年体育精神认知的影响［J］. 上海体育学院学报，2010（4）：11-14.

③ 曹甜甜 . 河南省青少年体育偶像崇拜与运动参与行为的关系研究［J］. 商丘职业技术学院学报，2017（1）：106-108.

④ 张建会，钟秉枢 . 体育明星运动员在运动项目文化建设中的作用及培养路径［J］. 武汉体育学院学报，2016（2）：95-100.

显示，青少年的体育明星崇拜有助于榜样道德效仿力的增强[①]。青少年的体育行为在促进身体成长发育的同时，还影响着道德观的形成与发展。重视并引导青少年的体育行为是提升其道德素质的重要途径。体育明星的真善美，通过比赛中顽强拼搏、不服输，训练中不怕苦、不怕累和赛场外思想美、行为美、心灵美等表现出来[②]。

② 体育明星崇拜对青少年情感的影响。体育明星崇拜具有相对的固定性，以强烈的情感色彩影响着青少年的内心世界。

③ 体育明星崇拜对青少年体育锻炼行为的影响。体育明星崇拜影响青少年体育锻炼的动机、时间、强度、频率和坚持程度。调查研究结果发现，受体育明星影响的青少年每次参加锻炼的时间比不受体育明星影响的学生长很多，而且坚持得更加持久，前者可以很好地安排自己锻炼的次数和时间。崇拜体育明星的青少年喜欢购买与体育明星有关的贴画，穿体育明星代言的运动装备与潮牌服饰[③]。崇拜体育明星的青少年迷恋收集比赛运动员的信息，关心有关报道，自己在运动中不自觉地模仿。也有很大一部分学生喜欢观看体育明星的比赛，经常谈论比赛进展情况[④]。体育明星对青

① 叶松庆．当代未成年人体育行为对道德观发展的作用［J］．成都体育学院学报，2013（8）：80-85.

② 康彦平，周中俊．体育明星“真、善、美”形象及其体育文化价值探析［J］．中国体育教练员，2019（1）：70-72.

③ 范乃鹏，李永军．体育明星对局部地区青少年体育锻炼的影响［J］．中小学实验与装备，2011（1）：9-10.

④ 吕先波．江西省南昌市大学生对体育明星偶像崇拜现象的调查与分析［D］．北京：北京体育大学，2006.

少年体育参与的影响来自青少年对偶像运动形象和信息的认知选择、偶像的社会联系与精神动力的作用、对偶像运动表象的榜样模仿[①]。

青少年体育明星崇拜和其体育参与行为相互影响。体育明星对崇拜者体育锻炼动机、锻炼频率、锻炼时间、锻炼强度与锻炼坚持程度、体育消费等方面具有很大的影响。

第一，锻炼动机。体育明星良好的形象、高超的运动技能、充沛的体力和精彩的赛场表现，极大地激发起青少年对体育锻炼的兴趣，不由自主地加以效仿。翟方等的调查发现，体育明星崇拜极大地提升了中学生对体育的热爱和关注，产生学习运动技能的欲望，激发其体育运动动机，男生通过锻炼获得健硕的身材，女生达到身体塑型[②]，进而养成参加体育锻炼的良好习惯。

第二，锻炼频率。大部分受体育明星影响的大学生每周参加体育锻炼的频率高于那些不受体育明星影响的大学生，自发参加体育锻炼的积极性更高[③]。

第三，锻炼时间、强度与坚持程度。刘丹敏等人通过调查研究发现，大学生每周参加体育锻炼次数很少，甚至一次都没有的大有人在。这与没有体育明星崇拜有关，缺乏相关激励作用，对参加体育锻炼没有

---

① 马瑞，沈建华．体育明星偶像崇拜与青少年体育活动参与研究［J］．体育科研，2013（3）：80-83.

② 翟方，周密．体育明星效应对中学生认识体育和锻炼行为的影响［J］．安阳大学学报，2003（3）：119-121.

③ 王灿，党卫国，肖谋文，等．论体育明星对我国城市中学生的影响［J］．北京体育大学学报，2006（3）：315-317.

热情。有体育明星崇拜与没有体育明星崇拜的大学生表现出来的体育锻炼行为有显著差异，有体育明星崇拜的大学生每天参加体育锻炼的时间都明显多于没有体育明星崇拜的大学生；前者参加的强度与负荷更大，能够长时间地坚持参加体育锻炼[①]。

第四，体育消费行为。有体育明星崇拜的青少年愿意花费更多的金钱购买运动装备、付费参加体育锻炼培训、进入更加专业的运动场馆进行训练。

第五，人文素养。体育明星崇拜对青少年体育精神、价值、观念、行为规范的认知有一定的积极影响。王灿等人的研究发现，体育明星对中学生爱国主义和集体主义精神的激发有一定的作用。

① 刘丹敏，黄皓菲，邓敏，等. 体育明星对大学生体育价值观的影响研究［J］. 体育世界（学术版），2018（1）：56-58，52.

5 小学生体育明星崇拜对其体育锻炼行为影响的实证研究

少年强则国强，青少年是祖国的未来、民族的希望。我国自古就有一句老话，“三岁看大，七岁看老”，就是说，从孩子 3 岁时的心理特点、个性倾向，就能看到这个孩子青少年时期的心理与个性形象的雏形；从 7 岁孩子的身上，能看到他中年以后的成就和功业。这启发人们，应采取积极措施，及早培养孩子良好的性格，给孩子未来的成功奠定坚实的基础。

小学体育教育是学校体育教育的基础，关系到个人一生的健康和发展，推进小学体育教育发展已成为社会各界的共识。小学生处于儿童期，是人生观、价值观形成的重要时期，本应是富有童心童趣的快乐时光，但是他们不仅要在学校学习文化知识，承担各种学业负担，而且要参加校内外各种特长学习班，参加体育锻炼的时间少之又少，“每天锻炼一小时”很难落实到位，体育锻炼频率不高，体育锻炼强度较低，坚持锻炼的习惯性差等，造成的后果是身体素质的持续下滑，令人堪忧。2007 年 5 月 7 日，《中共中央 国务院关于加强青少年体育增强青少年体质的意见》印发①，2017 年 3 月 2 日，国家体育总局办公厅印发了《2017 年青少年体育工作要点》②。由此，如何激发青少年的体育锻炼动机，促进体育锻炼行为，成为研究的热点。

体育明星崇拜对青少年的认知、情感、态度、价值观及其体育锻炼行为起着非常重要的作用，潜移默化地影响着青少年的身心健康。小学生年龄尚小，心智尚未发育成熟，社会经验不足，对体育明星存在盲目模仿现象。青少年追星族对其心目中偶像的崇拜达到极度喜爱、热情，甚至是狂热、执着和迷恋的程度，可能导致发生某些偏激事件和产生消极的后果，应引起家长、老师、社会的及时关注。在被称为“偶像时代”的今天，伴随时代的跨越式发展、社会的全面进步、思想观念的逐步解放及文化产业交流的日益频繁，青少年的偶像崇拜问题正越来越强烈地影响着青少年的精神生活和个性发展，成为当今普遍存在的一种社会现象，值得教育者高度重视③。有关学者一致认为，偶像崇拜作为一种特殊的心理行为，是青少年成长过程中的一种阶段性、过渡性行为，本质上反映了青少年在自我确认中对理想人物的社会认同和情感依恋，是其特定年龄阶段心理发展的“附属品”。在此意义上说，生活需要偶像人物，偶像人物也为生活增添了色

---

① 中共中央国务院关于加强青少年体育增强青少年体质的意见［EB/OL］.（2017-07-11）［2018-07-10］.http：//sousuo.gov.cn/s.htm?t=zhengce&q.

② 国家体育总局办公厅关于印发《2017 年青少年体育工作要点》的通知［EB/OL］.（2017-03-04）［2020-10-20］. 体育总局网站，http：//www.gov.cn/xinwen/2017-03/04/content_5173237.htm.

③ 李芳，张婷 . 中学生偶像崇拜的现状调查［J］. 上海教育科研，2008（10）：53-55.

彩[①]。当代社会的偶像崇拜，不再是人类对某种超自然力量的信仰和敬畏，也不仅仅是人类对英雄、伟人、智者的遵从和膜拜，而是泛指当代社会环境中大众对自己偏好和仰慕的形形色色的人物或事像的崇拜和痴迷。市场经济的发展和越来越发达的网络传播使“偶像市场”越来越大，致使偶像的“能量”被无限放大。然而，偶像的“质量”却是良莠不齐的。小学生的目光极易被“个性”所吸引，在崇拜偶像的过程中，分辨能力较弱，偶像积极的教育作用难以较好地发挥，甚至有时会对其身心健康发展造成一定的消极影响。因此，将体育明星崇拜与体育教学相结合，把体育明星的内在优秀品质作为一盏航灯，为小学生积极健康地崇拜体育明星指明航向，促进其积极参加体育锻炼，并养成终身体育锻炼的习惯，实现小学生的全面发展，具有重要的现实意义和理论价值。

教育要与时俱进，要培养适应社会发展所需要的建设者和接班人。国际 21 世纪教育委员会提出，21 世纪教育的宗旨及对学习者的建议是：“学会求知，学会做事，学会共处，学会做人。”这四个“学会”与我国学生应具备的核心素养以及社会主义核心价值观高度契合。2020 年 8 月 31 日，国家体育总局、教育部联合印发了《关于深化体教融合 促进青少年健康发展的意见》，要求树立“健康第一”的教育理念，通过深化体教融合改革，推动青少年文化学习和体育锻炼相融合，促进青少年学业与健康协调发展。将“崇拜教育”纳入学校教育的正轨已成共识[②]，关

① 郑凯．当前中学生追星现象及其引导研究［D］．武汉：华中师范大学，2014.

② 郑惠生．应将“崇拜教育”纳入学校教育的正轨：“音像时代”城乡小学生最崇拜谁的调查研究：上［J］．内蒙古师范大学学报（教育科学版），2007（8）：38-47.

注学生的偶像崇拜，将偶像教育融入日常体育教学，充分发挥体育明星在体育教学中的杠杆作用，挖掘体育明星的内在品质，推行偶像—榜样教育，合理利用传媒渲染校园体育文化氛围，深入理解体育明星崇拜对体育教育教学的启示。

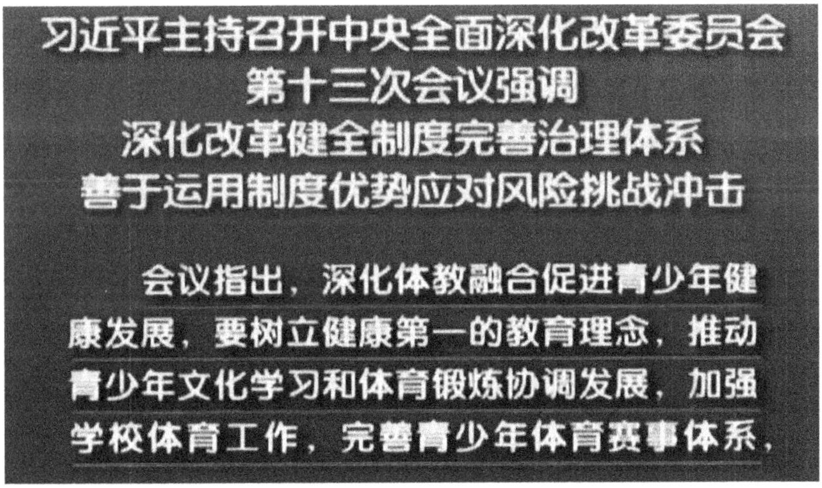

图 5-1　中央确定“健康第一，体教融合”

偶像是人内心世界最宝贵的情感寄托，体育明星崇拜对青少年的身心发展产生了非常重要的影响，教育者应认真考虑如何利用体育明星的偶像作用引导学生凝聚精神力量，充分体现体育明星的人文教育价值[①]。体育明星具有顽强拼搏、不怕失败、吃苦耐劳的意志品质，其体育精神、价值观念的正向发展对中小学生体育行为、体育参与意识也必然产生积极影响，这无疑为促进青少年体育意识的提高、锻炼兴趣的培养起到积极的推动作用，也引发对学校“偶像—榜样”教育的思考。“偶像—榜样教育”是一

① 陈相光．中国体育明星对大学生的影响及人文教育价值［J］．体育学刊，2006（4）：15-18.

种独特的教育方式，学校利用学生的偶像崇拜心理，对学生进行诱导式教育，通过科学引导，将体育明星崇拜融入学校德育、智育及体育中，以更好地挖掘体育明星潜在的榜样价值，更好地促进学生的全面发展，同时避免狂热崇拜的消极作用。体育明星崇拜与学校体育教育相结合，应从青少年体育明星崇拜的价值取向出发，坚持以特质为核心的社会认知取向为主，将体育明星偶像引导与榜样教育相结合，促进体育明星偶像向榜样转化，挖掘体育明星的教育价值，发挥其巨大的教育、引导作用，培养德智体美劳全面发展的建设者和接班人。

目前，已有的关于体育明星崇拜与学校体育教育相结合的研究多为思辨性的理论探讨，实践性的研究成果还不多。真正的教育理应成为一种负载人类终极关怀的有信仰的教育，就像柏拉图的著名的“洞穴之喻”阐明的一样——它让你挣脱心灵的枷锁，实现灵魂上的自由和解放，获得重生。体育明星崇拜的理想化过程是一个由表及里、由欣赏到认同的发展过程，徘徊于消费话语结构中的许多符号具有神话般的意指性。认知深化、特质提取、情境匹配、选择模仿是体育明星特质识别与仿效的主要环节，权威解读、情感体验、情境匹配、条件阻碍是体育明星特质识别与仿效的重要影响因素[①]。

认知决定人的情感和行为，情感反过来影响认知，行为通过影响认知间接地影响情感。通过塑造小学生的认知、情感、态度和价值观，旨在促进其体育锻炼行为，为提高该群体的身心健康水平提供参考。

---

① 马瑞，沈建华．青少年体育明星偶像特质识别与仿效［J］．广州体育学院学报，2015（4）：1-4.

5.1　研究对象与方法

5.1.1　研究对象

随机抽取武汉市洪山区第二实验小学四年级两个班级，一个为实验班，另一个为对照班，实验班人数 40 人（男生 22 人，女生 18 人，平均年龄是 9 岁），对照班人数 40 人（男生 22 人，女生 18 人，平均年龄是 9 岁）。以小学生体育明星崇拜对体育锻炼行为影响的实证为研究对象。

5.1.2　研究方法

5.1.2.1　文献资料法

根据本研究需要，通过中国知网数据库搜集“体育明星”“体育锻炼行为”获取相关文献与资料。并通过对主题相关文献的分析与梳理，了解主题研究现状，明确研究存在的不足，为本研究提供较为翔实的理论参考。

5.1.2.2　问卷调查法

根据研究内容，结合专家学者编制的《体育明星偶像崇拜量表》《体育锻炼行为量表》，对武汉市洪山区第二实验小学部分小学生发放问卷进行调查。得出小学生对体育明星崇拜与体育锻炼行为之间的相关结论，以及在形成正确的体育意识与健康的体育行为的过程中存在的问题与矛盾，经过归纳和总结，获取比较翔实的第一手资料。

（1）问卷的编制。根据南京师范大学李丽兰编著的《中学生偶像崇拜问卷》、侯欣彤在“初中生偶像崇拜的现状及影响因素研究”中使用的问卷量表，以及王琰在“中学生偶像崇拜、自我同一性与自我效能感的关系研究”中使用的问卷量表，改编成新的“体育明星偶像崇拜调查问卷”，该问卷涉及小学生体育明星崇拜的认知、情感、行为三方面，其中认知问卷共有 5 个题目、情感有 6 个题目、行为有 3 个题目。“体育明星偶像崇拜调查问卷”主要包括体育明星崇拜认知、体育明星崇拜情感、体育明星崇拜行为三个一级指标，根据专家对三个指标的意见修改，并确定了问卷的内容。

本项目首先采用的是 27% 为高、低分组，即总分前 27% 为高分组，总分后 27% 为低分组。最后对每道题目的得分进行独立样本 *T* 检验，通过数据分析显示，14 个条目都达到了显著性水平[①]。

完成高低分组独立样本 *T* 检验之后，再进行条目得分与量表总分的 Pearson 积差相关分析研究，如表 5-1 所示，计算每个条目与量表总分间的相关系数，删除相关系数小于 0.3 和大于 0.8 的条目，分析数据可以得出本研究的量表项目都在规定范围内，没有需要删除的项目。14 个条目的相关系数都处于 0.3~0.8，因此保留 14 个条目。

① 吴明隆 . 问卷统计分析实务：SPSS 操作与运用［M］. 重庆：重庆大学出版社，2009：181-184.

表 5-1　量表题项与总分相关分析表（n=40）

条目	Pearson 相关性	条目	Pearson 相关性	条目	Pearson 相关性
a1	0.605**	a6	0.594**	a11	0.658**
a2	0.749**	a7	0.688**	a12	0.688**
a3	0.639**	a8	0.445**	a13	0.603**
a4	0.538**	a9	0.713**	a14	0.605**
a5	0.684**	a10	0.762**		

注：** 相关性在 0.01 显著（双尾）

Cronbach’s Alpha 量表内在一致性检验结果如表 5-2 。表 5-3 显示，该问卷 Pearson 相关性总体具有一致性，且较为理想，保留 14 个条目。

表 5-2　量表 Cronbach's Alpha 值（n=40）

Cronbach’s Alpha	项数
0.898	14

表 5-3　量表 Cronbach's Alpha 在一致性检验（n=40）

条目	校正的项总计相关性	Cronbach’s Alpha 值	条目	校正的项总计相关性	Cronbach’s Alpha 值
a1	0.596	0.890	a8	0.433	0.892
a2	0.505	0.891	a9	0.490	0.891
a3	0.543	0.890	a10	0.611	0.889
a4	0.326	0.894	a11	0.370	0.895
a5	0.400	0.893	a12	0.312	0.894
a6	0.445	0.892	a13	0.479	0.891
a7	0.311	0.894	a14	0.654	0.889

（2）问卷量表探索性因素分析。通过上面量表题总相关、独立样本 T 检验、内部一致性检验等，共得出 14 个条目。首先要对这 14 个条目进行因子分析，检验问卷是否适合，结果如表 5-4 和表 5-5 所示，问卷 KMO 值为 0.861，说明量表维度之间可以进行统计学的探索因子分析，量表的自由度 df 为 575，Sig. 为 0.000，说明问卷具有统计学意义，可以进行因子方差，如表 5-5 所示，量表所有条目的方差值均大于 0.4，几个公因子方

差的累计贡献率高，说明提取的这几个公因子对原始变量的代表性越高，整体的效果越好。这表明所有的 14 个条目没有必须删除。

表 5–4　量表 KMO 和 Bartlett 的检验（*n*=40）

取样足够度的 Kaiser–Meyer–Olkin 度量		0.861
Bartlett 的球形度检验	近似卡方	5282.656
	d*f*	575
	Sig.	0.000

表 5–5　量表公因子方差（*n*=40）

条目	初始	提取	条目	初始	提取	条目	初始	提取
a1	1.000	0.553	a6	1.000	0.593	a11	1.000	0.434
a2	1.000	0.694	a7	1.000	0.606	a12	1.000	0.676
a3	1.000	0.613	a8	1.000	0.657	a13	1.000	0.636
a4	1.000	0.751	a9	1.000	0.610	a14	1.000	0.640
a5	1.000	0.681	a10	1.000	0.694			

提取方法：主成分分析。

（3）问卷的信度、效度检验。问卷采用专家效度，特请中南民族大学、武汉体育学院等 9 位体育教育学科的专家对问卷内容的设计进行了效度检验。各位专家提出了很好的意见和建议，本书据此对问卷的维度、指标等进行了完善，使问卷具有较高的效度。最后将修改后的问卷请专家就内容的合理性进行了再审查。从表 5–6 可以看出，专家对问卷内容选择合理及非常合理的认可率为 11.11%+77.78%=88.89%。

表 5–6　问卷内容选择的合理性统计表（*n*=9）

等级	非常合理	合理	基本合理	不太合理	不合理
人数	1	7	1	0	0
比例	11.11%	77.78%	11.11%	0	0

为了检验问卷的信度，在首次问卷调查后的第 15 天，进行了第二次

问卷调查。调查结果显示高度相关，相关系数 r=0.826。这一数据说明本次的调查问卷是可信的。

表 5-7　体育明星偶像崇拜的信度检验表（n=40）

项目	重测人数	重测时间 / 天	相关系数
学生	40	15	0.826

（4）问卷的发放与回收 。实验前后，对实验组和对照组分别进行了问卷调查，共发放问卷 160 份，收回 160 份。其中，有效问卷为 160 份，有效率为 100%。

5.1.2.3　访谈法

制定访谈提纲，对专家、老师和学生进行了访谈，获取相关信息，并做好记录。在问卷实施过程中，访谈了部分学生，做好记录，为本书写作提供了案例分析。

5.1.2.4　数理统计法

运用 SPSS24.0 对本书所涉及的所有数据进行数理统计分析，确保数据不出现异常值；在此基础上，进行数据分析，如配对样本 T 检验、量表项目分析、相关分析等。与此同时，运用 Excel 软件，做出相应的统计图表。

5.1.2.5　逻辑分析法

通过软件分析得出的数据图表，对其进行逻辑分析和归纳，得出相关结论。

5.1.2.6　实验法

随机抽取武汉市洪山区第二实验小学四年级的两个班，实验班 40 人（男生22人，女生18人，平均年龄是9岁）；对照班40人（男生22人，女生18人，平均年龄是9岁）。两个班的学生都学习篮球投篮技能，为期3个月，每周2次课，每次课45分钟，由同一名教师任教。对实验班的小学生开展体育明星崇拜干预，而对照班的小学生接受传统的体育教学，不接受体育明星崇拜干预。

5.2 研究过程

5.2.1 研究目的

通过为期3个月的体育明星崇拜干预实验来验证体育明星崇拜能够更好地促进学生的体育锻炼行为，促进学生养成积极健康的体育锻炼习惯。

5.2.2 研究假设

实验班小学生的体育明星崇拜干预对其体育锻炼行为有较显著的影响，对照班对学生开展的常规体育教学对体育锻炼行为没有显著的影响。

5.2.3 实验过程

采用线上与线下相结合的混合式学习模式，通过传统媒体与新媒体的融合，加强小学生对体育明星的认知，催生其积极的情感、态度及价值观，进而改善其体育锻炼行为及参与情况。

5.2.3.1 测前

发放问卷；了解实验前两个班学生的体育明星崇拜和体育锻炼行为

情况。

5.2.3.2 干预阶段

（1）课堂教学。第一周和第二周为一个时间模块，共 6 个时间模块。课堂上，通过图片展示、视频播放、讲述体育明星故事、阅读图书等方法对学生进行引导；课后布置作业（收集体育明星故事，并上交心得体会）。

表 5-8 实验班一个时间模块的干预安排表

时间	内容		
第一周	图片展示	师生互动	漫画图书阅读
第二周	视频播放	小组合作完成（翻转课堂）	互联网浏览

① 展示图片。利用体育课堂时间，运用教室 LED 互联网教学设备，展示体育明星比赛时的静态图片，并对其进行具体讲解。

图 5-2 课堂上展示图片

② 观看视频。在实验班播放 5 分钟体育明星视频，并未对学生进行讲解和科学引导。

图 5-3　课堂上播放视频

教师随机抽点两名同学回答问题，并即时进行点评。

图 5-4　课堂上师生互动

③ 小组合作学习。将全班学生分成多个小组（均包含男生和女生），每周讨论一个体育明星正能量的故事，并用小纸条记录每次课堂的收获，最后教师进行点评。

图 5–5　分小组讨论

（2）课后作业

① 阅读漫画图书。每周阅读一次体育明星的漫画图书，并上交读后感，供教师批阅。

图 5–6　学生阅读漫画图书

② 线上学习。在网络上搜集体育明星故事，然后写出 25 字左右的读后感，上交教师批阅。

图 5–7　学生通过互联网了解体育明星

5.3　研究结果

5.3.1　实验前后体育明星崇拜分析

在实验前后，从体育明星崇拜三个维度（认知、情感、行为）分别对对照班进行配对样本 T 检验，分析对照班每个维度在实验前后是否具有显著性关系。

5.3.1.1　实验前后对照班体育明星崇拜分析

表 5–9　实验前后对照班体育明星崇拜配对样本 T 检验（n=80）

维度	实验前	实验后	均值差	P 值
体育明星崇拜认知	5.16 ± 0.28	8.15 ± 0.26	2.99	0.060
体育明星崇拜情感	4.55 ± 0.32	7.65 ± 0.61	3.10	0.089
体育明星崇拜行为	4.67 ± 0.26	7.45 ± 0.55	2.78	0.053

由表 5–9 可得出以下结论。

通过对对照班实验前后体育明星崇拜认知的配对样本 T 检验分析发现，实验前后对照班在体育明星崇拜认知上处于相同水平，差异不具有显著性。

通过对对照班实验前后体育明星崇拜情感的配对样本 T 检验分析发现，实验前后对照班在体育明星崇拜情感上处于相同水平，差异不具有显著性。

通过对对照班实验前后体育明星崇拜行为的配对样本 T 检验分析发现，实验前后对照班在体育明星崇拜行为上处于相同水平，差异不具有显著性。

从体育明星崇拜三个维度（认知、情感、行为）分别对对照班进行配对样本 T 检验，P 值均大于 0.05。对照班没有受到特别的干预，依然采用传统的方式开展教学，对学生体育明星崇拜没有影响。因此实验前后也不会出现显著性差异。

5.3.1.2　实验前后实验班体育明星偶像崇拜分析

在实验前后，从体育明星崇拜三个维度（认知、情感、行为）分别对实验班进行配对样本 T 检验，分析实验班每个维度在实验干预前后是否具有显著性差异。

表 5–10　实验前后实验班体育明星崇拜配对样本 T 检验（n=80）

维度	实验前	实验后	均值差	P 值
体育明星崇拜认知	9.83 ± 0.21	12.23 ± 0.25	2.4	0.037
体育明星崇拜情感	10.22 ± 0.18	12.21 ± 1.22	1.99	0.048
体育明星崇拜行为	10.35 ± 0.24	13.43 ± 0.23	3.08	0.047

由表 5–10 可得以下结论。

通过对实验班实验前后体育明星崇拜认知的配对样本 T 检验分析发现，实验前后实验班在体育明星崇拜认知上处于不同水平，差异较为显著。

通过对实验班实验前后体育明星崇拜情感的配对样本 T 检验分析发现，

实验前后实验班在体育明星崇拜情感上处于不同水平，差异较为显著。

通过对实验班实验前后体育明星崇拜行为的配对样本 *T* 检验分析发现，实验前后实验班在体育明星崇拜行为处于不同水平，差异较为显著。

从体育明星崇拜三个维度（认知、情感、行为）分别对实验班进行配对样本 *T* 检验，*P* 值均小于 0.05。实验班开展为期 3 个月的实验干预对学生产生了影响，小学生的认知处于萌芽状态，教师的正确引导会改变学生态度与行为，因此实验前后体育明星崇拜三个维度存在的差异较为显著。

5.3.2 两个班实验前后体育锻炼行为比较分析

5.3.2.1 实验班实验前后体育锻炼行为比较

（1）实验班实验前后体育锻炼时间分析。由图 5-8 可知，实验班实验前后体育锻炼时间变化起伏较大。实验前大部分小学生参加体育锻炼时间集中在 30 分钟；实验后大部分学生锻炼时间有所增加，能提高到 30 分钟到 1 小时，实验后小学生参加体育锻炼时间在 1 ～ 1.5 小时的人数呈上升趋势，小学生参加体育锻炼的时间在 1.5 小时以上的人数也有所增加。由此，说明体育明星崇拜实验干预对小学生的体育锻炼行为有影响。很多小学生愿意花费更多的时间参加体育锻炼，这有益于提高身体素质。实验班开展 3 个月体育明星崇拜实验干预，实验内容以体育明星高超的体育技能、刻苦训练故事为主。体育明星展现的高超技能直接吸引实验班学生，学生争相模仿学习，积极参加体育锻炼，体育锻炼时间自然会有所增加，实验前只锻炼 30 分钟的学生把锻炼时间增加到 1 个小时甚至更多；实验前能锻炼 1 小时或更长时间的学生本来就对体育锻炼有浓厚的兴趣，在实验之后会更加热爱体育锻炼，参与体育锻炼时间也随之增加。

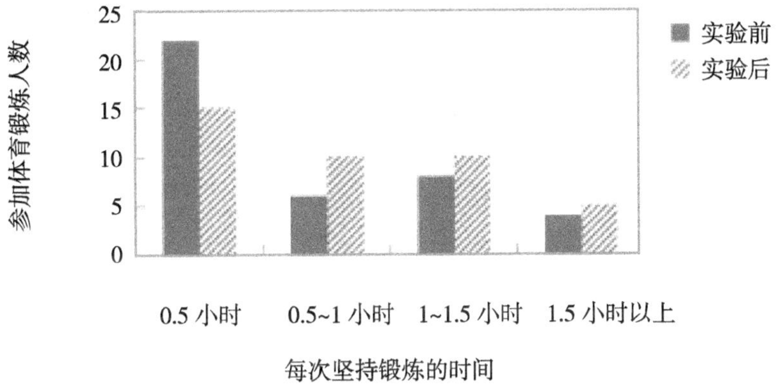

图 5–8　实验班实验前后体育锻炼时间柱状图

（2）实验班实验前后体育锻炼频率分析。由图 5–9 可知，实验班实验前后体育锻炼频率变化起伏较大。实验前大部分小学生每周参加体育锻炼时间集中在 2 次左右，但实验后每周参加体育锻炼次数为 2 次的人数减少，大部分学生每周参加体育锻炼次数增多，更多的人每周参加体育锻炼次数为 3 次，每周参加体育锻炼 5 次的人数也呈上升趋势，说明体育明星崇拜实验干预对小学生参加体育锻炼有促进作用。实验班开展 3 个月体育明星崇拜实验干预，直接影响了学生；学生为了学习到与体育明星一样的高超技能，会一次又一次地参与体育锻炼，每周参加体育锻炼的次数因此增加，体育锻炼频率也随之升高。

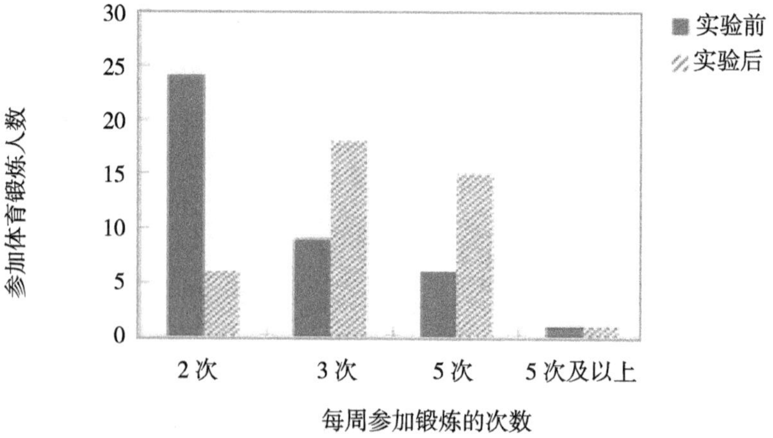

图 5–9　实验班实验前后体育锻炼频率柱状图

（3）实验班实验前后体育锻炼强度分析。由图 5–10 可知，实验班实验前后体育锻炼强度变化起伏比较大。实验前大部分小学生每次锻炼之后感觉呼吸平缓、身体轻微发热、没有疲惫感，也就是微小强度。实验后小学生体育锻炼强度有所加大，每次锻炼之后感觉呼吸加快、微微出汗、略有疲惫感，以及每次锻炼之后感觉呼吸急促、少量出汗、感觉疲惫人数均有增加，说明体育明星崇拜实验干预对小学生的体育锻炼强度有影响。小学生不满足于微小的体育锻炼强度，小强度体育锻炼不利于学习到扎实的体育技能，小学生为了更加扎实地掌握技能，也更加乐意增加体育锻炼强度。实验班开展 3 个月体育明星实验干预，实验过程中展现的体育明星赛场上力挽狂澜的精彩表现，深深吸引着学生，大部分小学生希望在比赛中成为主角，因此在参加体育锻炼时乐此不疲，锻炼强度也随之加强。

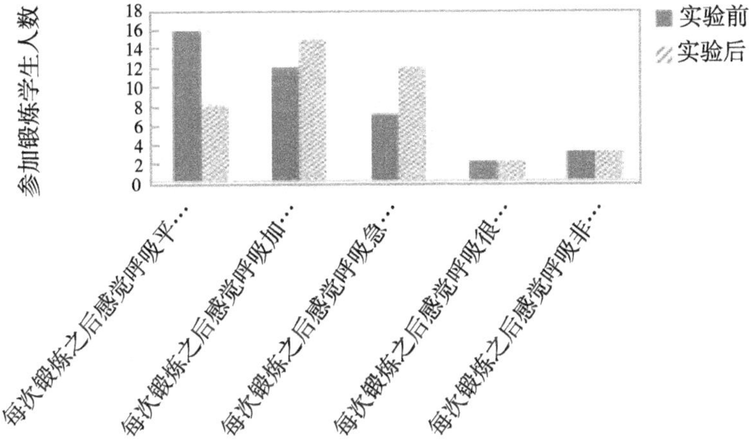

图 5–10　实验班实验前后体育锻炼强度柱状图

（4）实验班实验前后体育锻炼持续性分析。由图 5–11 可知，实验班实验前后体育锻炼持续性变化起伏较大。实验前大部分小学生集中在能坚持参加体育锻炼 1 周左右，实验后小学生坚持参加体育锻炼意愿更强。坚持参加体育锻炼 2 周和坚持参加体育锻炼 3 周的人数明显上升，说明体育明星崇拜实验干预对小学生的体育锻炼持续性有影响。小学生能够坚持参加体育锻炼，对已经学习的体育技能起到很好的巩固作用，实验内容包括体育明星坚持参加体育训练的励志故事。正是因为体育明星成长励志故事感染了小学生，激励着他们坚持参加体育锻炼。所以认为，实验达到了促进小学生坚持参加体育锻炼的效果。

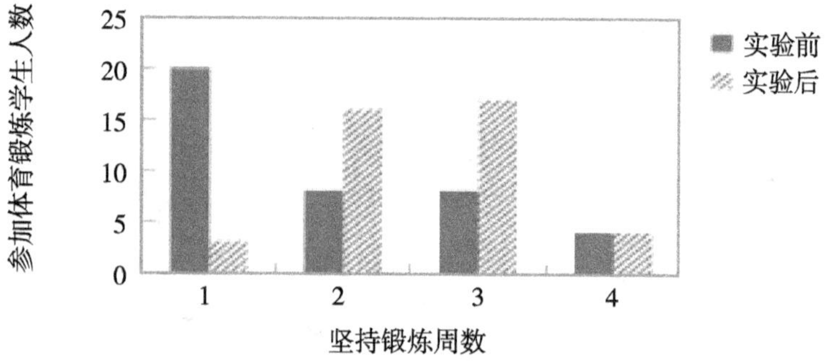

图 5–11 实验班实验前后体育锻炼持续性柱状图

5.3.2.2 对照班实验前后体育锻炼行为比较分析

（1）对照班实验前后体育锻炼时间分析。由图 5–12 可知，对照班实验前后参加体育锻炼时间变化起伏不大，只是有小的变动。大部分小学生坚持参加体育锻炼时间集中在 30 分钟，还有一部分学生处于 30 分钟到 1.5 小时之间，只有少部分学生参加锻炼的时间在 1.5 小时之上，说明没有特别的干预，小学生参加体育锻炼时间没有受到影响。实验班开展 3 个月体育明星实验干预，而对照班依然开展传统的教学，没有特别的实验干预，学生参体育锻炼时间也不会有明显的改变，只有部分学生变化会产生小的波动，参加体育锻炼的时间总体上没有产生很大改变。

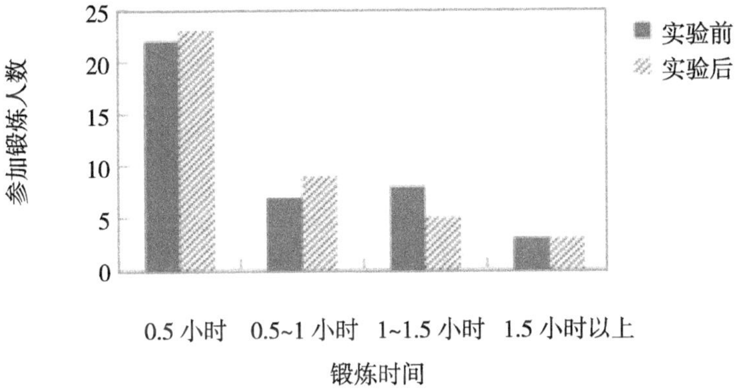

图 5-12　对照班实验前后体育锻炼时间柱状图

（2）对照班实验前后体育锻炼频率分析。由图 5-13 可知，对照班实验前后参加体育锻炼频率变化起伏不大，只是有小的变动。大部分小学生参加体育锻炼频率集中在每周 2 次，还有一部分学生每周参加体育锻炼 3 次，有小部分学生每周参加体育锻炼 5 次，极少部分学生参加体育锻炼次数为每周 5 次以上，说明没有特别的干预，小学生参加体育锻炼的频率也没有受到影响。对照班依然开展传统的教学，教学方法没有改变，学生参加体育锻炼的频率也不会有明显的变化，只会存在微小的变化。

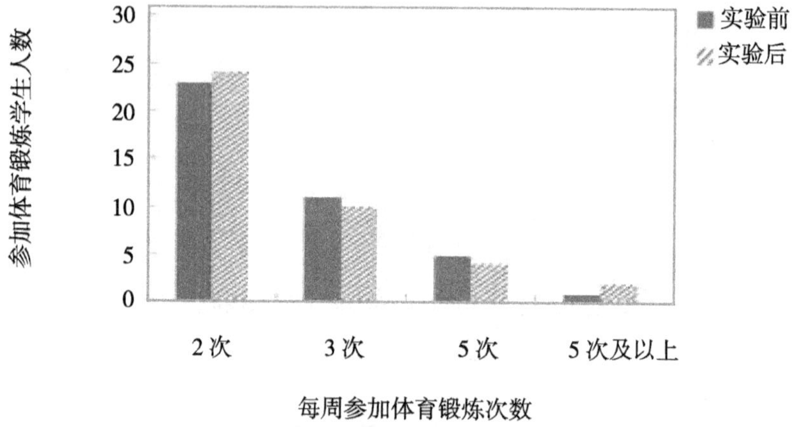

图 5-13　对照班实验前后体育锻炼频率柱状图

（3）对照班实验前后体育锻炼强度分析。由图 5-14 可知，对照班实验前后体育锻炼强度变化起伏不大，只是有小的变动。大部分小学生参加体育锻炼强度为每次锻炼之后感觉呼吸平缓、身体轻微发热、没有疲惫感；有一小部分学生每次锻炼之后感觉呼吸加快、微微出汗、略有疲惫感，以及每次锻炼之后感觉呼吸急促、出少量汗、感觉疲惫；很少的学生锻炼之后感觉呼吸很急促、出汗较多、感觉很疲惫和感觉每次锻炼之后感觉呼吸非常急促、出汗很多、感觉非常疲惫。由此可以得知，对照班实验前后小学生都以中小强度锻炼为主，说明没有特别的干预，小学生的体育锻炼强度也没有多大改变。对照班依然开展传统的教学，没有特别的实验干预，学生缺少体育锻炼动机，以及目标不够明确，因此体育锻炼强度几乎没有变化。

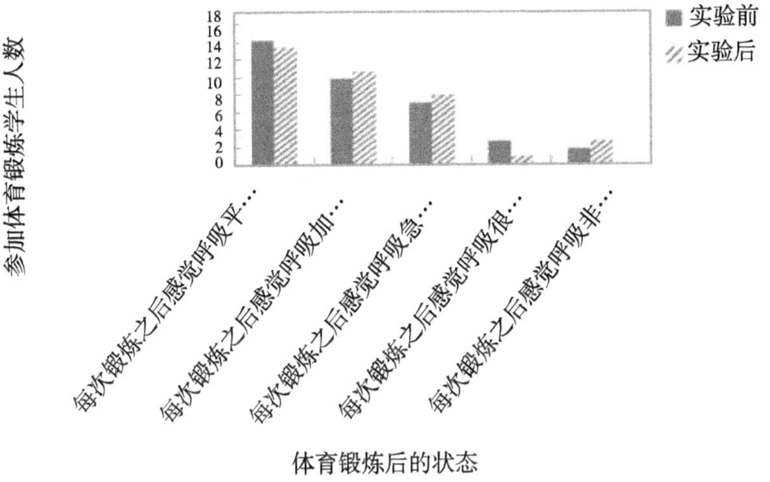

图 5–14　对照班实验前后小学生体育锻炼强度柱状图

（4）对照班实验前后体育锻炼持续性分析。由图 5–15 可知，对照班实验前后参加体育锻炼持续性变化起伏不大，只是有小的变动。大部分小学生都不能长时间地坚持参加体育锻炼，只有少部分学生可以坚持参加体育锻炼。大部分小学生只能坚持参加体育锻炼时间为 1 周，有极少部分小学生坚持参加体育锻炼时间为 2 周，说明实验前后对照班的学生参加体育锻炼持续性没有改变，没有相应的干预，学生的心理活动很难有一个较为明显的改变，也就很难有实际行为的变化。对照班依然开展传统的教学，对学生没有特别的干预，实验前后学生参加体育锻炼的持续性也没有改变。原本有坚持参加体育锻炼习惯的学生依然坚持体育锻炼；没有参加体育锻炼习惯的学生，也没能在短时间内养成坚持参加体育锻炼的习惯。

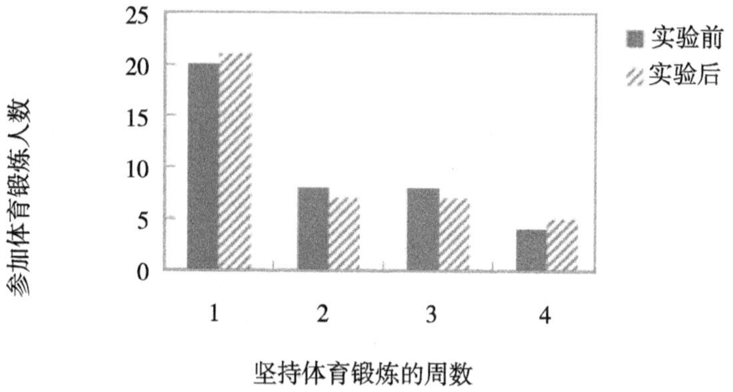

图 5-15　对照班实验前后体育锻炼持续性条形统计图

5.3.2.3　两个班学生的体育锻炼行为情况

（1）实验前后实验班体育锻炼行为分析。表 5-11 是对实验班实验前后体育锻炼行为进行统计分析的结果，采用的是配对样本 T 检验。从表 5-11 中可知，实验班实验前后体育锻炼行为存在的差异较为显著。表明实验对实验班学生的体育锻炼行为有较明显的影响，实验班学生体育锻炼行为改善较为明显。本书采取体育明星崇拜进行干预，并对小学生的心理进行了积极的引导，学生的体育锻炼行为也随之发生改变。

表 5-11　实验前后实验班体育锻炼行为配对样本 T 检验结果（n=80）

项目	实验前	实验后	均值差	P 值
实验班	9.15 ± 0.22	12.15 ± 0.65	3.00	0.044

（2）实验前后对照班体育锻炼行为分析。对对照班实验前后体育锻炼行为进行统计分析，采用配对样本 T 检验。从 5-12 表可知，实验前后对照班的体育锻炼行为存在的差异不显著。表明常规的教学对对照班学生的体育锻炼行为没有显著性影响。实验班进行体育明星崇拜干预实验教学，

而对照班依然采用传统的教学方法开展教学，由于两个班采用不同的方法进行教学，实验班实验效果明显，实验前后发生了改变，而对照班没有特别干预，实验前后体育锻炼行为没有显著性的改变。

表 5–12　实验前后对照班体育锻炼行为配对样本 T 检验结果（n=80）

项目	实验前	实验后	均值差	P 值
对照班	5.63 ± 0.26	6.23 ± 0.12	0.60	0.059

5.3.2.4　小学生体育明星崇拜与体育锻炼行为的关系

小学生体育明星崇拜认知对小学生体育锻炼行为有积极的正向影响，对体育锻炼行为有促进作用。

小学生体育明星崇拜情感对小学生体育锻炼行为有积极的正向影响，对体育锻炼行为有促进作用。

小学生体育明星崇拜行为对小学生体育锻炼行为有积极的正向影响，对体育锻炼行为有促进作用。

表 5–13　小学生体育明星崇拜与体育锻炼行为的关系

理论假设（变量间关系）	标准误 S.E.	CR	P	标准化路径系数估计值	检验结果
体育锻炼行为←体育明星崇拜认知	0.54	4.884	***	0.265	支持
体育锻炼行为←体育明星崇拜情感	0.072	1.975	***	0.142	支持
体育锻炼行为←体育明星崇拜行为	0.057	5.134	***	0.293	支持

注：*** $P < 0.001$。

5.4 讨论

5.4.1 对体育明星的崇拜

两个班对比结果显示，实验后两个班的体育明星崇拜心理活动都有改变。实验开始前，两个班学生对体育明星的认知均处于模糊状态，但是通过实验干预，实验后实验班学生对体育明星的崇拜心理活动明显强于对照班，表明实验干预对学生体育明星崇拜的影响具有显著的促进作用。

根据行为主义理论的观点，在朋辈团体中，因为渴望团体接纳的需要，而受到来自集体的影响和强化。正如世界上没有两片完全相同的树叶一样，并不是每个人都会崇拜同一个偶像，但是班级里的一个小团体大多数人有一个相同的体育明星，为了迎合大家的共同爱好，渴望被团体接纳，因此学生主动了解体育明星。体育明星所具有的高超体育技能、赛场上叱咤风云的表现、顽强的竞赛作风、高尚的品质，慢慢地吸引着团体中的每个人，每个人心里都有英雄梦。当行为与意愿和团队一致后，将逐渐被团队接纳，受到集体的影响和强化[①②]。

青少年正处于心理发展的关键时期，由于知识、经验都比较欠缺，对许多问题都没有独立判断的能力，所谓“近朱者赤，近墨者黑”。若青少年的亲密朋友都有崇拜某一偶像的表现，则他也会因为害怕被同伴孤立、

---

① 埃里克·H. 艾里克森. 同一性：青少年与危机仁[M]. 孙名之，译. 杭州：浙江教育出版社，1998.

② 让·皮亚杰. 儿童心理发展[M]. 傅铣先，译. 济南：山东教育出版社，1982：89，92.

被排挤出集体圈子而倾向于崇拜同一位偶像。这种渴望得到集体接纳，害怕与众不同的心理压力促使青少年将偶像崇拜看作一种时尚，且通过崇拜同伴公认的偶像明星，使自己与周围同伴有共同语言、融为一体而满足其归属感。一旦有学生开始有崇拜体育明星的苗头，一段时间内，班里有明星崇拜的人数将越来越多。有共同兴趣爱好的学生都有相同的体育明星偶像，然而，还有部分学生并没有明确的崇拜对象，处于摇摆状态，只是为了找到朋友，可以和朋友一起参加体育锻炼，慢慢地也产生了共同的爱好和兴趣，共同的爱好使同学们走到一起，融为一体，从而满足其归属感。教师的实验干预，正好迎合了学生渴望找到归属感的心理，学生逐渐找到自己的体育明星偶像。

教师在实验过程中向学生展示图片、播放视频，分别以静态和动态的形式向学生展示了体育明星成长成才的故事，带给学生视觉冲击。教师在实验中给学生讲解体育明星的正能量故事，直接通过语言引导学生，使之正确看待体育明星崇拜现象，使其逐渐加深对体育明星的认识。体育明星展现出来的高超技艺以及竞赛场上的精彩表现吸引着学生。对于已有体育明星偶像的学生崇拜程度会加深，而且表现更加强烈。还没有崇拜偶像的学生会滋生出好奇心，开始喜欢体育明星。通过教师和学生互动，学生组内自行讨论，学生发表言论表达自己的观点，在思想碰撞过程中，会对体育明星有全新的认识。通过完成课后作业，学生进一步加深对体育明星的认识，巩固学习到的知识，并在潜移默化中被体育明星的人格魅力所感染，随之改变自己的体育锻炼行为。依据自我效能理论，教师的口头说服、自己在体育学习过程中获得的成功体验以及替代经历等都可以影响和改变个体的自我效能，从而影响和改变个体的认知和行为，使学生更加积极地参与到体育锻炼中。3个月的体育明星崇拜干预实验对实验班学生体育明星偶像现象产生了更深刻的影响。但是，对照班学生依然采用传统的教学方式开展教学，没有特别的干预，学生很难在根本上产生实质性的改变，学生对体育明星崇拜现象的态度依然如同实验之前，没有一个全新的认识。因此体育锻炼行为也没有明显的改变。

5.4.2 体育锻炼行为

通过实验结果分析可知，在实验结束后，两个班的体育锻炼行为都有改善，但是实验班体育锻炼行为改善情况更为明显。具体表现为体育锻炼时长有所增加、强度有所加强、次数增多、坚持的时间更为长久。实验班自愿参加体育锻炼的学生人数明显比对照班多，表明体育明星崇拜实验干预对体育锻炼行为有很好的促进作用。

依据班杜拉的社会学习理论观点解释[①]。社会学习理论创始人阿尔伯特·班杜拉提出，模仿（imitation）是社会学习理论的核心概念。根据班杜拉的社会学习理论，可以将青少年体育锻炼行为理解为青少年对认同人物之思想行为的直接性模仿（direct modeling），具体表现为对其崇拜对象在人生观、言行举止乃至服饰发型上的仿效。通过观察一个或多个榜样，行为、思想和情感发生变化的过程就是自动模仿与有意模仿。教师在实验过程中的图片展示、视频播放，分别从静态和动态给学生展

① 阿尔伯特·班杜拉．社会学习理论［M］．陈欣银，李伯黍，译．沈阳：辽宁人民出版社，1989.

示了体育明星的成长故事，带给学生视觉冲击，正是抓住了小学生好奇心理和观察能力强的特点，通过展现体育明星高超的技艺及赛场上的精彩表现吸引学生。体育明星刻苦训练的过程，艰苦奋斗的历程直接激励着学生行为的转变，他们在体育锻炼过程中会花费更多的时间与精力，长期坚持参加体育锻炼，并且每一次体育锻炼都保持不懈怠。对于体育明星展现的高超技艺也会自主地进行模仿学习，一次又一次地模仿，一次又一次地在练习中提高自己的技能①。

人的自我效能是在与环境的互动过程中形成的，当学习者看见替代者，即与自己相似的人成功时，就会增强自我效能。在开展实验过程中，前期对学生的影响效果不明显，但是随着实验的持续开展，学生对体育锻炼逐渐产生兴趣。体育明星多数在小时候就展现出对体育运动的热爱，在小学阶段就已经掌握了许多基本技能。学生在学习体育明星故事之后，深受启发，于是，参加体育锻炼的时间逐渐增加，频率提高，强度逐渐加大，坚持参加体育锻炼的意愿更为强烈。

依据行为主义的强化观点②。行为主义（behaviorism）又称“刺激反应理论”，20 世纪初起源美国。该学说认为，人类的思维是与外界环境相互作用的结果，即“刺激—反应”，而刺激和反应之间的联结为强化。通过对环境的操作和对行为的积极强化，任何行为都能被创造、设计和改变。

---

① 林呈生．班杜拉“观察学习理论”与体育技能学习［J］．福建师范大学学报（自然科学版），1996（3）：107-111.

② 李铁，王俊，陈曦．行为主义学习论指导乒乓球技术学习的理论意义［J］．哈尔滨体育学院学报，2008（6）：171-174.

教师通过静态的图片展示、动态的视频播放、课堂故事讲解、课后作业巩固，对学生形成刺激。体育明星与歌星、影星不同的是他必定具有某种出众的体育技术或体育品质，他们多是具有顽强的拼搏精神、积极的体育态度等。学生在实验过程中被体育明星高超的体育技能所吸引，竞相模仿学习，参加体育锻炼。教师的体育明星崇拜实验干预就是一种刺激，会对学生参加体育锻炼产生积极的作用。

由于小学生年龄尚小，在对体育明星崇拜的心理活动认知上可能是一张白纸，因此具有很强的可塑性。对处于小学阶段的学生来说，正确的思想及心理活动引导，可形成正确的体育明星崇拜认知，进而养成积极参加体育锻炼的良好行为习惯。通过体育明星崇拜实验干预，使学生对体育课产生积极的学习态度，有了积极的学习态度就会有良好的学习动机，从而养成主动参加体育锻炼的良好行为习惯。

5.4.3 体育明星崇拜对体育锻炼行为的影响

经过3个月的体育明星崇拜实验干预，体育明星的高超技艺吸引着学生，体育明星崇拜实验让学生找到了可以学习的榜样，体育明星偶像成为学生学习和争相模仿的对象。学生纷纷模仿体育明星，参加形式多样的体育锻炼；模仿技术动作，学习体育明星的优良品质，体育锻炼的态度更加积极。具体表现在体育锻炼时间有所增加，强度有所加强，在一定时间段内参加锻炼的次数增多。通过访谈得出，2019年在中国成功举办的篮球世界杯上，中国运动员顽强拼搏，尤其深受易建联精彩表现和顽强拼搏精神的鼓舞，在课堂谈论过程中，易建联的故事被学生频频提及，课间篮球场上练习篮球的人数大幅增加；部分学生是纯正的武磊迷，课堂上男生女生都争相提出踢足球的请求，课间 10 分钟也会跑到足球场踢几脚；女生很喜欢“小叶子”叶诗文，节假日前往游泳馆游泳成为必不可少的活动。

小学生好奇心理强，一旦被体育明星偶像吸引，就很容易产生模仿行为。尤其运动员在比赛中展示的吸引人眼球的炫酷技术动作；获得比赛胜利博得观众喝彩，受到观众的爱戴、尊重与支持；不惧更加强大的竞争对手的挑战等，这些都能在潜移默化中影响小学生。

参加体育锻炼，无论选择什么项目，都难免会遇到技术瓶颈。练习一个技术动作总觉得和体育明星做出来的动作差别很大，动作不美观。很多动作看起来似乎很简单，自己却很难完成，总是无法完整地掌握技术要领，在体育明星娴熟精湛的技术动作和自己不协调的动作形成鲜明对比之时，对体育明星的敬佩之情在悄然间萌发。尤其是初次参加体育锻炼的学生，对于体育锻炼感到陌生，害怕学不会技术动作，但是经过一段时间模仿学习体育明星展示出的技能动作，并坚持参加体育锻炼之后，自己的技能水平会进步明显。以上例子反映出体育明星崇拜对体育锻炼行为具有积极的影响。

5.5　结论与建议

5.5.1　结论

5.5.1.1　体育明星崇拜方面

实验班和对照班学生的体育明星崇拜存在的差异较为显著，其中实验班的学生在体育明星崇拜方面较优于对照班的学生。实验班体育明星崇拜在三个维度（认知、情感、行为），实验前后存在较为显著差异。实验班学生体育明星崇拜程度更深。

5.5.1.2 体育锻炼行为方面

实验班和对照班学生的体育锻炼行为存在的差异较为显著，实验班学生的体育锻炼行为较优于对照班的学生。实验班实验前后体育锻炼行为存在较为显著差异。通过体育明星崇拜教学干预，实验班学生体育锻炼行为更为积极。

5.5.1.3 体育明星崇拜对体育锻炼行为影响方面

体育明星崇拜实验干预对小学生的体育锻炼行为有促进作用。实验班学生比对照班学生体育锻炼行为有明显的改善，体现在体育锻炼时间的增加、体育锻炼频率更高、体育锻炼强度负荷更大、体育锻炼持续性意愿更强。

5.5.2 建议

5.5.2.1 加强学校体育教育中体育明星的引导

本书说明教师体育明星的教育引导会在一定程度上影响学生，学生会树立一个正能量的体育明星。教师应利用好课堂时间，通过播放有关体育明星正能量的视频，讲解正能量的体育明星励志故事，积极有效地展开师生间互动等，引导学生向体育明星学习，从小形成正确的体育明星崇拜认知。

5.5.2.2 正确树立体育明星榜样

通过体育明星崇拜干预教学，可以促进学生体育锻炼行为改变，学生体育锻炼行为更加积极。对学生体育明星崇拜进行干预指导，可以促进体育锻炼行为的良性变化。体育明星是选择人数比例最大的榜样形式。原因归结于体育明星与歌星、影星不同的是他必定具有某种出众的体育技能或体育品质，他们多是具有顽强的拼搏精神、积极的体育态度等，因此，应发挥好体育明星的影响作用，正确树立体育明星榜样。引导学生学习体育明星，由此产生积极健康的体育锻炼动机，提高参加体育锻炼的积极性。